Il Codice della Chitarra
Le regole per la corretta esecuzione

Graziano D'Urso

2020

Catania

Musica

Non è altro che quell'incessante
intenzione dell'imperituro Assoluto
di manifestarsi a quell'essere finito
che è l'uomo, d'essa sempre amante.
Un' infinita epifania intangibile
ma straordinariamente intuibile:
un brivido ch'attraversa lo spirito
dell'intera ed infinita umanità,
uno sguardo d'estasi sublime
verso la fulgente empirea immensità.

Il Codice della Chitarra

Lulu.com, Morrisville, NC.

ISBN: 978-0-244-26475-8

1. INTRODUZIONE AL CODICE

Lo scopo di questo Codice è quello di affrontare la disciplina musicale sotto un innovativo punto di vista, con un metodo differente e volutamente singolare: attraverso la codificazione delle regole d'esecuzione e del relativo suo studio.

Il progetto è sperimentale e nell'intento di unire due materie scientifico disciplinari diversissime, tanto precise quanto sublimi: il rigore nobile delle regole articolate ed il fascino dell'arte musicale.

Un "Codice della Chitarra" è un componimento scientifico davvero unico: il frutto di anni di empiria d'insegnamento e di risoluzioni dei principali problemi sorti in fase di studio ed insegnamento della disciplina ritmica e solistica della chitarra: le *frequently asked questions* comuni a tutti gli alunni dell'autore; l'insieme delle regole da rispettare per la più corretta lettura e studio puntuali da parte dell'esecutore, e da far rispettare dal più autorevole maestro.

Non mancano di far testo in questo Codice, in riferimento agli argomenti affrontati al dettaglio, le medesime osservazioni che gli stessi alunni e discenti, colleghi e musicisti amici hanno ricompensato il mio insegnamento nel corso degli anni.

E' un idea che sorge direttamente dalla naturale tendenza dell'autore ad articolare[1] anche in una disciplina che di giuridico ha ben poco: la musica. Ma il Diritto e la Musica sono i principali interessi dell'autore, i quali in questo Codice sono stati coniugati in una straordinaria commistione epistemologica.

Miscela interessante questa di una scienza riconducibile a Diritto Naturale (la matematica e la fisica della musica) ed a Diritto Positivo (convenzioni chitarristiche), che suggeriscono il metodo didattico.

E' indispensabile ribadire come questo Manuale viva in intensa osmosi con il testo di *Lineamenti fondamentali* "Ritmica-Mente", sul quale si fonda, dal quale mutua lo spirito e le intensioni, col quale integra la disciplina dello studio della Chitarra ritmica e solistica. E' proprio "Ritmica-Mente" che suggerisce il criterio di utilizzo di questo Manuale e dal quale non si può prescindere, pena l'incapacità di lettura del testo codificato di seguito.

Ed è stato proprio all'interno del testo di disciplina sostanziale "Ritmica-Mente" che sono stati affrontati in modo accennato i primi rudimenti della disciplina articolata, sotto forma di precetti e regole, ed in questo testo invece descritti in modo più diffuso.

Gli argomenti principali sono: Convenzioni chitarristiche, impostazione, regole di lettura ed esecuzione della Ritmica, della Solistica, dell'Effettistica, nonché elementi normativi musicali, anatomici, liutaici, e molto altro ancora.

Il testo codificato è interamente spiegato e commentato al fine di suggerire l'autentica interpretazione delle regole, senza della quale si potrebbe incolpevolmente travisare il senso

[1] Realizzare norme in forma articolata delle regole di qualsiasi aspetto della vita.

regolamentare; al riguardo l'autore offre la miglior ermeneutica per la massima intellegibilità.

Il contenuto esplicativo di questo testo coincide con il metodo formativo di didattica frontale che integra il contenuto del manuale "Ritmica-Mente" [aggiornato all'ultima edizione: la settima (Aprile 2012)]: è un comodo ed utile surrogato delle lezioni dirette del Maestro. Le utilità sono: a) integrare le lezioni di didattica frontale con una individuazione completa, unitaria, definita e precisa profondamente discretiva; b) corredare le lezioni dei corsi di nozioni altrimenti non affrontate per questioni attinenti all'economia temporale delle sedute collettive; c) padroneggiare le regole finalizzate alla docenza della disciplina ritmica e solistica della Chitarra.

Le norme vengono separate in programmatiche e precettive: le prime in forma di madrigali (componimenti poetici), le seconde in forma di canoni. La scelta del canone[2], più che dell'articolo, si giustifica dal peculiare senso e dalla pregnante immagine della regola autonoma come misura della corretta esecuzione e dell'autorevole insegnamento.

L'autore tiene per se la libertà di adoperare tale manuale secondo la naturale destinazione economica con l'esclusivo diritto di pubblicare l'opera in ogni forma e modo, originale o derivato, il diritto esclusivo di distribuzione che ha per oggetto la messa in commercio o in circolazione, o comunque a disposizione, del pubblico, con qualsiasi mezzo ed a qualsiasi titolo, ai sensi degli articoli 12 ss Sezione I Capo III della Legge 22 Aprile 1941, N.633

[2] Il termine deriva dal greco ***kanòn,*** dal latino canon (canna, misura) che indicava una legge o regola (nel medioevo il termine *canon* designava anche il monocordo, strumento usato per definire teoricamente, con un procedimento geometrico, le altezze dei suoni della scala musicale). Nella musica polifonica, fra il XIV e il XVI secolo, il termine canone (o il suo equivalente *fuga*, che solo nel XVII secolo divenne il nome di una forma musicale autonoma) designava specificamente la regola, esposta all'inizio della composizione, che permetteva di ricostruire le diverse voci a partire da una singola melodia.

sui diritti d'Autore, e, ribadendo che la fotocopiatura costituisce reato ai sensi della citata Legge così modificata dal Decreto Legislativo N. 68/2003, vanta l'originalità totale del contenuto tutelata dal principio della libertà d'espressione (Art. 21 Cost.).

Per qualsiasi informazione l'autore del manuale può essere contattato agli indirizzi e-mail: graziano.durso@live.it (MSN) e graziano.durso@hotmail.it (Facebook), ed al web link www.grazianodurso.it, oppure al contatto telefonico mobile 3404750933.

Ringrazio fin d'ora per tutte le osservazioni critiche e le correzioni con le quali i cari colleghi musicisti, insegnanti e gli studenti vorranno amabilmente ricompensare il mio sforzo.

Ad Emanuela.

2. PREFAZIONE

E' opportuno indicare prima d'ogni spiegazione di questo Codice, il fondato retroterra scientifico ed i filosofici principi dai quali si trae spunto ed origine per costruire l'intera struttura di quest'opera, a suffragio della *ratio* dello stesso Codice.

Non sono pochi gli intellettuali del passato interessati alla musica che hanno manifestato l'esigenza di dar norme univoche, un ordine, una certezza scientifica alla musica, giungendo unanimemente alla conclusione che quest'arte è fatta di regole certe.

Per la sua dolce o cruenta espressività, per la capacità di istruire e far provare emozioni, per la sua importanza ed imponenza, la musica è stata da sempre considerata arte e dono naturale.

Annoverata tra le Muse col nome di **Euterpe**, la musica è la massima espressione artistica tramandataci dall'antichità.

Arte che abbraccia sublimemente le più alte speculazioni umane dal campo scientifico a quello umanistico, da quello religioso a quello propagandistico.

Studiata come scienza, fruita come arte, prodotta come opera: la Musica.

La musica ha la capacità di entrare all'interno dell'animo umano avvolgendo in un turbine di passione e disinibizione i sentimenti ed i pensieri. Per Kant la musica senza testo apprende, senza alcun concetto, la "bellezza libera", che è giudizio estetico puro, quindi universale. Questa viene identificata come bello artistico, poiché ha l'apparenza o la spontaneità della natura.

Questa spontaneità proviene dal genio, che per usare le parole del filosofo di Königsberg: *"E' talento (dono naturale), che dà **la regola all'arte**. Poiché il talento, come facoltà produttrice innata dell'artista, appartiene anche alla natura, ci si potrebbe esprimere anche così: il genio è la disposizione innata dell'animo (*ingenium*) per mezzo della quale la natura dà **la regola dell'arte**."*

Jean-Philippe Rameau nel Trattato dell'armonia ridotto ai suoi principi fondamentali del 1722 disse: *«La musica è una scienza che deve avere **regole certe**: queste devono essere estratte da un principio evidente, che non può essere conosciuto senza l'aiuto della matematica. Devo ammettere che, nonostante tutta l'esperienza che ho potuto acquisire con una lunga pratica musicale, è solo con l'aiuto della matematica che le mie idee si sono sistemate, e che la luce ne ha dissipato le oscurità».*

La musica esiste da tempi antichissimi, sicuramente da prima ancora che ne rimanesse traccia storica. Non c'è stata civiltà che prima o poi non abbia sviluppato un proprio sistema musicale, o che non ne abbia adottato uno, seppure adattandolo alle sue necessità e ai suoi gusti.

La parola musica deriva dalla parola greca *moysa*[3], "musa". L'idea occidentale di musica è quindi generalmente collegata alle muse, e in questo senso alludeva ad ogni **scienza** ed arte che risveglia l'idea di cosa perfetta, gradevole e **ben ordinata**.

Lo stretto rapporto che intercorre tra la musica e la matematica fu studiato sin dall'antichità: un esempio classico è dato dalla Scuola Pitagorica, a cui si deve la scoperta (i pitagorici vi assegnavano significati mistici) secondo la quale i differenti toni di una scala sono legati ai rapporti fra numeri interi: una corda dimezzata suona l'ottava superiore, ridotta ai suoi 3/4 la quarta, ridotta ai suoi 2/3 la quinta, e così via.

Risuonano all'unisono qui le parole di Sant'Agostino: *"Da dove, ti prego, vengono queste cose, se non dal sommo ed eterno principio dei numeri, della similitudine, dell'uguaglianza e dell'**ordine**? Ma se toglierai queste cose dalla terra non sarà più nulla"* possiamo ben affermare che non c'è cultura, pensiero, società, intellettuale che non abbia attribuito alla certezza della musica una consacrazione ad ordine e regola.

Questo Codice raccogliendo con enfasi siffatti orientamenti conia un articolato regolamentare dedicato allo studio della ritmica, della solistica e della teoria musicale chitarristica.

---

[3] Etimologicamente il termine *musica* deriva dall'aggettivo greco μουσικός/mousikos, relativo alle Muse, figure della mitologia greca e romana, riferito in modo sottinteso a *tecnica*, anch'esso derivante dal greco τέχνη/*techne*. In origine il termine non indicava una particolare arte, bensì tutte le arti delle Muse, e si riferiva a qualcosa di "perfetto".

3. COME STUDIARE LA CHITARRA

L'inedia musicale si palesa a guisa cagionevole d'esiziale nocumento – teorico e pratico – agli sforzi già disimpegnati nello studio della disciplina in esame, eccependo che l'endiadi di cui *supra* (esiziale – nocumento) trova ragion d'essere precipuamente nella fase primordiale dello studio stesso: segnatamente, l'effetto lesivo e deletereo retroagisce consuntivamente e coartatamente.

Ecco perché di seguito compendiato viene suggerito un metodo di studio e di approccio alla disciplina, così come tratto dal Manuale "Ritmica-Mente" nella sua ultima edizione, ed adattato per l'appunto *mutatis mutandis* allo studio di questo Codice.

"Studiare la chitarra" è una formulazione troppo generica per poter essere trattata in queste poche righe dedicate all'argomento, e si finirebbe per allontanarci dallo scopo di questo primo paragrafo. Si dovrebbe quindi meglio parlare di come "studiare la disciplina ritmica, solistica e teoria chitarristica" alla luce del metodo sul quale si basa questo pratico Codice.

Si vuol quindi con questo prologo, giustamente inserito dopo l'Introduzione, guidare lo studente verso il metodo di studio migliore associato a questo testo di disciplina articolata.

Innanzitutto è necessario fissare bene quali siano i cardini dell'impostazione delle mani sulla Chitarra, la posizione d'assumere per lo studio dello strumento, e la tecnica di autoverifica della corretta esecuzione. Questo Codice si compone quindi delle regole che devon'esser rispettate ai fini della corretta esecuzione e del corretto studio dell'argomento.

E' sempre bene verificare, ogni qual volta s'esegua un esercizio o si studi un argomento, la correttezza di questo sulla base di tali regole [...]. Se una regola è stata imparata scorrettamente è molto difficile riuscire a "rettificare" ciò che si è mal interpretato: studiare male un argomento può risultare più negativo di non averlo studiato affatto!

Ecco perché l'importanza di questo paragrafo: ribadire allo studente di non improvvisarsi interpreti senza prima aversi formato sulle regole e sui consigli dell'Insegnante, o in questo caso, dell'Autore.

L'autodidattica fin da principio rende poco nella Musica al di là di che se ne dica, soprattutto se informatica: questa è una disciplina millenaria, che per essersi portata a tanto ha dovuto conoscere genî e Maestri d'altissima virtù e prestigio che hanno dedicato la loro intera vita al suo studio con passione, dedizione e completa devozione. Con ciò non si vogliono attaccare i benefici dell'informazione digitale, ma per l'esigenza di contatto fisico che questa materia vuole, sarebbe impensabile scoprire da sé uno strumento senza una guida che conferisca almeno le chiavi di lettura.

La Musica è una Scienza esatta, fatta di numeri e di formule: non può essere lasciata naufragar nella temperie dell'opinione[4]*. L'interpretazione dell'esecutore* [Appunto nell'esecuzione!] *lascia lo spazio che trova, donando quella originalità che solo l'essere umano può conferire, ma il virtuosismo del musicista non può fiorire ove non ci sia quella solida e forte base fondamentale che da semente irrora il fertile terreno ch'è la volontà del discente.*

Questo Codice presenta numeri, [...], formule, elementi che ritornano ciclicamente come in un'equazione matematica. Senza contare la Fisica del suono, che spiega la motivazione della dimensione dei tasti, la posizione degli armonici, la tonalità e molto altro.[5]

Pertanto si consiglia allo studente di fare molta attenzione alle spiegazioni che vengono fatte d'ogni argomento, d'ogni elemento, d'ogni passaggio e d'ogni connessione matematica (e/o geometrica) di questi, non solo per comprendere profondamente la motivazione del perché un determinato accordo sia così e non in altro modo, ma anche per approfondire l'essenza e la matrice matematica di fondo.

Non fermatevi ad una semplice lettura. Cercate di fare vostro il contenuto del testo! E' facile ma fuorviante, scorrere le pagine del libro soffermandosi solo a guardare i canoni, cercando di immaginare una possibile interpretazione. Un apprendimento attivo ha bisogno di essere interattivo: provate a pensare ad altri esempi ai quali potrebbe esse applicata la teoria di cui state seguendo il commento e la spiegazione.

---

[4] Jean-Philippe Rameau nel *Trattato dell'armonia ridotto ai suoi principi fondamentali* (1722) diceva: "La musica è una scienza che deve avere regole certe: queste devono essere estratte da un principio evidente, che non può essere conosciuto senza l'aiuto della matematica. Devo ammettere che, nonostante tutta l'esperienza che ho potuto acquisire con una lunga pratica musicale, è solo con l'aiuto della matematica che le mie idee si sono sistemate e che la luce ne ha dissipato le oscurità".

[5] Agostino - De Musica, cap VI, par. 17,57: *"Da dove, ti prego, vengono queste cose, se non dal sommo ed eterno principio dei numeri, della similitudine, dell'uguaglianza e dell'ordine? Ma se toglierai queste cose dalla terra non sarà più nulla."*

Lo studio, più che quantitativo, dev'essere qualitativo: ciò che importa veramente è la costanza, la perseveranza, la volontà e la precisione; dopo di ché è possibile far subentrare con la debita passione i ritmi stacanovistici dove bisogna allenare forza, velocità e ritmo.

E' meglio organizzare il proprio studio ripartendolo in alcune decine di minuti, ma quotidiane! Si badi che anche nella Musica la lontananza è come il vento.

In conclusione di questa breve digressione, si consiglia sempre si ascoltare le indicazioni dell'Insegnante che segue lo studente ai fini d'avere un'ottimizzazione dei risultati ricondotti al programma didattico del Manuale "Ritmica-Mente" e di questo Codice. Lo studio della Musica è un esercizio per il corpo e per la mente, che aiuta ad avere dimestichezza con lo strumento ed elasticità nel pensiero in ogni altra disciplina, ma se non lo si coltiva, finisce per restare una semplice esperienza di sterile studio fine a sé stesso.

La Musica va vissuta sino in fondo, conoscerla e riscoprirla continuamente, per esprimersi con una marcia in più nei confronti di chiunque. Questo Codice si pone principalmente questo obiettivo.

Auguro dunque a tutti una buona lettura e soprattutto un buono studio!

4. ONERE D'OSSERVANZA

E' opportuno prima d'iniziare a "dettar legge" percorrendo i meandri giuridici del Codice, spiegare taluni concetti e primari criteri propedeutici di lettura del testo, nonché motivazione logiche e razionali dell'esistenza di questa singolare opera lumeggiandone il contenuto.

Il pletorico lessico utilizzato è al contempo giuridico e musicale, ragion per cui, consapevoli che non tutti i musicisti sono anche giuristi e viceversa, si consiglia di leggere e/o studiare il testo con l'ausilio di un **Dizionario della lingua italiana**[6]: la fase genetica dell'adesione a quest'opera non può prescindere dalla fruizione di un ausilio lessicale; per le locuzioni latine e quelle francesi, questo Codice offre in appendice l'elenco, con relativa spiegazione e traduzione dei termini.

[6] Non è possibile riuscire a comprendere il contenuto del testo, del periodo, della frase e dello stesso significato frastico e neustico se non si conosce il significato dei termini ivi collocati; è necessario, prima di dare un'interpretazione di quanto studiato, accertarsi di possedere la più corretta conoscenza di tutti i possibili significati di un termine, non solamente dei possibili significati di lessico comune, ma anche e soprattutto di registro tecnico, ed in questo caso giuridico. L'esortazione dell'Autore all'utilizzo di un Dizionario della Lingua Italiana non può essere disattesa, in particolar modo in riferimento alla dizione ed al tenore lessicale dei canoni. Si desume da quanto detto l'auspicio dell'Autore che tale Codice sia per il discente anche un valido strumento di implementazione del proprio bagaglio culturale, incremento delle proprie conoscenze lessicali tecniche, corroborazione della propria proprietà di linguaggio.

Fatte le dovute premesse, volte a corroborare la difesa contro dubbi, perplessità ed angosce ostative della comprensione della materia, ci si può permettere adesso di conoscere il contenuto dell'opera.

Quella trattata in questo Codice è, con probabilità confinante a certezza, una nuova Scienza: al contempo presenta sia aspetti d'enucleazione dalla disciplina ritmica e solistica, così come contenuta all'interno del metodo Ritmica-Mente, delle "regole" sparse per quel Manuale omonimo di disciplina sostanziale; sia elementi di vero e proprio sviluppo euristico *ex novo* di questo *ius*, se di *ius* può parlarsi in riferimento al Codice, senza mai allontanarsi dalla centralità dell'argomento musicale, lungi dal voler divagare nell'amusìa d'una materia aliena, palesandosi come mera dogmatica - in vero teleologicamente inficiante -, e sussumendo la più auspicata e fervida applicazione pragmatica; sia elementi di *novitas* ad onta di quanto prodromicamente possa rilevarsi in Ritmica-Mente!

E proprio di Ritmica-Mente questo Codice fa da vero e proprio *pendant* ponendosi con esso in un nesso coassiale, elaborando un rivoluzionario sincretismo classico/ritmico di completamento della disciplina: di Ritmica-Mente il Codice può anche considerarsi un *Vade-Mecum*, assurgendo a ruolo apicale, quasi comprimario col metodo in parola.

Lo scopo di questo Codice è fra gli altri quello di mettere ordine ad un coacervo regolamentare avulso da un alveo omogeneo di dignità scientifico-disciplinare *sui iuris*, conferendole vigenza indefettibile corredata da euristico suffragio: il Codice è un anomalo connubio tra *praxis*, dottrina, giurisprudenza, normativa vigente, consigli, esortazioni, regole esecutive, metodo di studio, e non mancano di far testo pure regole morali d'approccio alla materia; è un approfondimento d'alta cultura che si prefigge anche di sollecitare la sensibilità artistica del discente allo studio prolifico, all'impegno che non resti sterile, ipotrofico, fine a sé stesso, con l'auspicio che tale opera divenga un testo facilmente fruibile e consultabile, funzionale ed insuscettibile di disertazione una volta ad esso aderito.

Questo Codice assolve - come previamente anticipato - anche un ruolo deontologico; ed è proprio in questa sua prospettiva che l'accezione deontica del Codice si consacra a *leit-motiv*, esperendo il primo pragmatico tentativo apprezzabile nella storia della musicologia di leggere la disciplina da un diverso fuoco: quello etico, così come può recepirsi dalle Disposizioni Programmatiche di quest'opera.

Ci si potrebbe chiedere, a ragion di logica, qual è il presupposto di cogenza, il cardine di vincolo, la motivazione per la quale bisogna rispettare le regole contenute in questo testo. Ma ancor più curiosamente ci si potrebbe domandare quale sia la conseguenza per il mancato rispetto di queste.

Ci si potrebbe domandare ancora a chi si applicano queste regole, chi ne è escluso, chi amministra l'esecuzione di queste, chi ne verifica il rispetto, se c'è la possibilità di abrogazione e/o sostituzione delle regole già scritte, e così via.

La *ratio* di questa opera è la seguente: individuare concetti e norme generali ed astratti universalmente applicabili a casi concreti per la miglior esecuzione e studio della disciplina ritmica e solistica, affrontati con puntale disamina scientifica.

Orbene, il mancato rispetto di tali canoni comporta la incorrettezza dell'esecuzione e dello studio di questa duplice disciplina. La sanzione (*id est*: la conseguenza del mancato rispetto delle regole) consiste nella incapacità di avere un prodotto qualitativamente soddisfacente del proprio impegno di studio musicale.

E' pertanto un onere d'osservanza, come potrebbe intuire un attento lettore, quello che si costituisce in capo allo studente della disciplina se vuol conseguire il miglior risultato del proprio impegno di studio. Non si può parlare di obbligo se non sia lo stesso studente ad autovincolarsi al raggiungimento della più corretta conoscenza (*rectius*: assimilazione) della materia.

Osservanza che non è *condicio sine qua non* solo della corretta esecuzione, ma anche della qualificazione del proprio impegno come puramente aderente al metodo autentico, benché in taluna sua partizione ostico, tal'altra idiosincratico, valendo qui quindi il brocardo generale: "più semini, più raccogli; benché stancante ma satisfattivo!"

E' il Maestro che deve amministrare - con la debita *equitas* verticale ed orizzontale[7] - la corretta osservanza delle regole verificandone il rispetto, per beneficiare egli stesso dei migliori risultati della propria docenza, ed ad esso bisogna tributare la competenza a farne studiare al dettaglio i precetti della disciplina articolata: sussiste ivi per l'appunto un'instaurazione di peculiare nesso sinallagmatico tra eunomia delle regole e tributo di competenza.

Egli non può essere transigente - o peggio connivente - in riferimento al rispetto di tali regole, dispensando se del caso i più piccoli discenti talora di studiare le regole ovvero di osservarle, per la più naturale delle motivazioni.

---

[7] E' necessario che, considerata la enorme discrasia tra il livello di scolarizzazione, capacità intellettive, età, formazione e conoscenze matematico-musicali dei vari alunni, che il docente della disciplina sappia ponderare l'amministrazione dell'articolato, centellinando con flusso maggiore o minore la mole di regole in base ai diversi casi. N.d.A.

Resta pur sempre congeniale al metodo che *ex ante* nei confronti d'ogni discente si perfezioni un'anamnesi sullo scibile già acquisito altrove, al fine di propellere la docenza nell'*iter* del programma didattico e nella materia senza ulteriori indugi.

L'indulgenzialismo o clemenzialismo del Maestro non può che dover esser quindi inversamente proporzionale al livello di scolarizzazione del discente.

L'atteggiamento erratico, proclive a disattendere la normazione positiva di tale disciplina, palesa l'inottemperanza all'osservanza del tributo di competenza, a guisa tale da rendere l'intenzione di studio testé sì descritta incompatibile con gli scopi della disciplina articolata all'uopo coniata.

Dall'osservanza delle regole ne sarebbe escluso aprioristicamente colui il quale desiderasse una sola conoscenza superficiale della disciplina ritmica e solistica secondo il metodo "Ritmica-Mente"; inosservanza che l'insegnante che adotta questo metodo non può permettere.

Beninteso, si ridurrebbe la cerchia degli studenti ai quali non si applicasse tale articolato ai soli autodidatti - nel caso limite - non intenzionati a scoprire le profonde potenzialità scientifiche della materia in parola, rimanendo ai livelli della c.d. "Chitarra da Spiaggia": per evitar di fraintendere è essenzialmente lo scopo del superficiale studio che taluno si proponesse che avrebbe la capacità eventualmente esimente dall'assoggettamento all'ordinamento di questo Codice.

A scanso di equivoci, non vuolsi con siffatte argomentazioni denigrare la c.d. "Chitarra da Spiaggia", ma si vuole in vero solo avvertire che questo Codice supera di gran lunga le intenzioni si chi si proponesse semplicemente di conoscere qualche Giro Armonico e qualche pennata per riuscir ad eseguire qualche brano.

Come potrà comprendersi più avanti, questo testo è fatto per chi ha il coraggio di usufruire del proprio intelletto avendo pertanto la bramosia di conoscere, il desiderio di sapere (si pensi al riguardo alle parole di Immanuel Kant nell'intervista su cosa fosse l'Illuminismo).

Concludendo, la possibilità che le regole contenute all'interno di questo testo vengano abrogate, sostituite o modificate subendo reiterati *maquillages*, è in vero improbabile: trattandosi di riferimenti alla matematica ed alla fisica della musica (come amavano ribadire Jean-Philippe Rameau e Sant'Agostino d'Ippona), ed a convenzioni musicali consolidate e comuni, sarebbe davvero difficile ipotizzarne una sostanziale "correzione", che non sia solo una semplice e/o formale riedizione: si ammettono rettifiche formali, e mentre sono plausibili aumenti di disciplina – essendo questa un'opera *in fieri* -, è preclusa in via generale una sostanziale *deminutio*.

Ma per l'appunto – senza poter prescindere dal dato fattuale che trattasi d'articolato ottriato monocraticamente - si richiama il **3° comma del Can. 1** del Codice per lasciare aperta la possibilità che miglioramenti della disciplina possono in qualunque momento ed in qualsiasi modo emendare disposizioni che, fino a quel momento, saranno assolutamente ed inderogabilmente vigenti.

Detto ciò s'inaugura con orgoglio e soddisfazione una nuova branca dello studio della musica, con l'auspicio che tale sia capostipite d'una perpetrata tradizione euristica concretantesi in manualistica: la Musicologia Giuridica.

5. DISPOSIZIONI PROGRAMMATICHE

Questo primo gruppo di norme ha un tenore programmatico: non costituisce un ordine diretto nei confronti del discente automaticamente applicabile: esprime un programma, un orientamento, un principio. La forma utilizzata è quella del componimento poetico (madrigale) sia per trovare una sede mnemonica nella mente del discente, sia per attirare allo studio questo verso metodo alternativo di studiare musica.

Il criterio di scrittura delle norme, siano esse programmatiche - così come di seguito -, siano esse precettive - così come nei seguenti capitoli -, è il seguente: viene innanzitutto presentata la regola, sia essa madrigale o canone, in corsivo con una dimensione inferiore rispetto al resto del testo, in modo d'attirare l'attenzione del lettore/discente, facendolo concentrare sulla centralità ed importanza dell'articolo.

Il resto del testo, stampatello con carattere più grande, consiste nella spiegazione e nel commento del testo regolamentare immediatamente precedente rispettando sempre lo schema logico norma-esplicazione.

Mad. I: Sursum Corda

Sursum corda! Con gli strumenti nostri!
Facciamo rivibrar per tutta l'aria
e che nessuna mano sia contraria,
o suonando per i parenti vostri,
o amici, spettatori o per compagni,
affinché sempre musica accompagni
la nostra giovinezza rallegrata,
si che la vita di tutti sia beata!

"In alto i cuori" ci vien detto durante la Santa Messa, ma nel caso qui presentato non vi è niente di relativo alla liturgia cattolica. Il nome di questo madrigale, come quello di tutti gli altri di questa raccolta, possiede un titolo in lingua latina che in questo caso vuole simpaticamente porre una similitudine con gli strumenti a corda e, nel caso della volontà dell'autore, della chitarra.

Questo madrigale è una esortazione generale al "far musica", a non rifiutarsi di conoscere ed eseguire quest'arte antica quanto l'uomo, al fine di portare allegria a chi ci sta intorno ed a noi stessi musicisti.

"Fare musica" arricchisce l'animo d'una consapevolezza superiore, ausiliando qualsivoglia altro studio od apprendimento in quanto – oltre a contenere principi matematici, fisici, artistici, regole – corrobora una elasticità mentale, che giova ad affrontare con una marcia in più le questioni che quotidianamente ci si presentano.

Mai quindi astenersi dal suonare, studiare quest'arte e fare musica!

Mad. II: Forma mentis

Conosci te stesso prima di fare
di te un vero virtuoso musicista.
Non basta possedere a prima vista
uno strumento nel particolare,
ma bisogna modellare la mente
ad una forza così travolgente
da fare di quest'arte delle dita
vera e sola energìa della vita!

Il secondo madrigale del Codice, prende il nome di "*forma mentis*" che letteralmente vuol dire "forma della mente" ma che nel caso in questione vuole esprime la concentrazione necessaria che ogni musicista deve anteporre ad un qualsiasi studio, o ad una qualsivoglia esecuzione, indipendentemente dal fatto che suoni uno strumento od un altro.

Il madrigale raccomanda la conoscenza di se stessi, delle proprie capacità, dei propri limiti, prima di tuffarsi alla cieca in un'arte che comporta studio, impegno e massima concentrazione.

E' necessario dover prendere coscienza dell'impegnativo dispiegamento di energie pratiche ed intellettuali che bisogna disimpegnare nello studio di una disciplina che non è solo manuale, ma anche (*rectius*: soprattutto!) teorica.

Ciò che si chiede al discente è di impostare su solide fondamenta il proprio approccio allo studio, su costanza, coerenza, impegno, desiderio d'imparare e migliorare ogni giorno!

Mad. III: Mens sana in corpore sano

Che fa di un uomo un vero musicante?
Che fa, dopo di questo, un musicista?
Ci sarà forse d'istruzion una lista?
Credi forse c'ogn' essere pensante
avendosi studiato la ricetta
diventi un grande virtuoso in gran fretta?
Esercizio, allenamento e rigore,
per mani, per intelletto e per cuore.

Il sentimento, in questo terzo madrigale, è il protagonista che vuole trasparire tra i versi di questo romantico componimento.

Mente sana in corpo sano: concezione della musica che suono pulito armonico piacevole, tendenzialmente protratto vero il bello kantiano, conoscenza della tecnica e sentimento, l'unico elemento che ci distingue dalle macchine e dagli animali; elementi che corredano l'esercizio continuato costante e prolungato dello strumento e della sua relativa tecnica, oltre alla sua antologia.

Non esiste una lista di istruzione, una serie di punti, matematicamente percorribili per divenire musicista; bisogna avere passione, sentimento, amore nei confronti della musica, interesse, animo, elementi senza dei quali si resta solo produttori di suoni sterili.

Benché indispensabile, non è sufficiente la conoscenza delle sole regole: è altrettanto indispensabile un esercizio continuato che forgi il proprio corpo alla dimestichezza, all'attitudine, all'idoneità a studiare, conoscere e suonare uno strumento.

Mad. IV: Errare humanum

Non disperare mài per un errore,
se si è davanti a qualche pubblico,
per un motivo pratico o tecnico.
Dispera invece con tutto fervore
facendoti assalire dalla paura,
se alla musica non concedi cura!
Il peggior crimine che si va a fare
anzi sbagliare, è perseverare!

E' nella natura dell'uomo sbagliare, in quanto uomo. "*Errare humanum est*", sbagliare è proprio degli uomini, perdonare è certamente divino, ma perseverare è indubbiamente diabolico.

La musica deve essere curata come una dolce amante che ha bisogno di attenzione e cura, e non semplice approccio improduttivo. Bisogna allenarsi, esercitarsi, cercare il nuovo, studiare l'innovativo, ricercare il piacevole ed il bello. Non bisogna disperare per un errore singolo, ma al contrario si se questo errore viene ripetuto.

La recidiva è il maggior male nello studio di uno strumento in quanto manifesta una palese e spiacevole disattenzione per la materia, lo studio della disciplina e lo strumento.

L'errore ci può anche stare, se caso isolato, nell'esecuzione pubblica di un brano musicale ovvero di un esercizio. Ma non è compatibile la recidiva con lo stesso studio: non è studio quello che pretende di eludere la correzione dei frequenti errori.

Bisogna prestare una superiore attenzione ed un superiore impegno proprio laddove un passaggio risulta esser al primo approccio particolarmente ostico.

Mad. V: Sapere aude!

Che abbi il coraggio di conoscere!
E' 'l tuo primissimo comandamento,
fuor di dubbio per il miglioramento.
Studiati tecniche se vuoi crescere,
impara canzoni, comprendi testi,
ricerca! E nello scibile investi.
Proietta la tua anima nel sapere,
e mai di comprender devi temere!

Abbi il coraggio di conoscere! Questo è il comandamento di chi ama il sapere: prima ancora dell'osservanza di qualsiasi altra regola è indispensabile "voler conoscere". Così vale in qualsiasi disciplina; proiettati, scaraventati verso lo scibile a costo di sacrificio. Studia più che puoi, conosci più di quanto pensi che sia il tuo limite e non fermarti mai.

Così si presenta l'ultimo madrigale, come un comandamento, più che una massima di comportamento; trae molto dal filosofo tedesco Immanuel Kant, ed a lui l'autore si ispira, estendendo il comandamento a qualunque disciplina, ed in particolare in questo caso alla musica, all'arte più antica e nobile di manifestazione di sentimento.

Il sacrificio elargito a fini di studio equivale ad un duplice investimento: si realizza la più meritoria fra le spese, cioè quella al fine di arricchire il proprio bagaglio culturale; si accresce la propria conoscenza d'un sapere nuovo mostrandosi sempre proclivi all'apprendimento, all'elasticità mentale, alla conoscenza, all'istruzione, alla ricerca, allo sviluppo.

I. TITOLO PRIMO: IL METODO

Il Titolo Primo del Codice si riferisce alle fondamenta dello studio della disciplina in forma precettiva e certamente prosaica: inerisce alle parti della chitarra e delle mani, ai nomi di queste, alle impostazioni ed elementi descrittivi musicali. Conoscere queste regole principali è fondamentale: norme che costituiscono la chiave di lettura e di comprensione dei principali istituti della materia.

Il criterio di studio, il metodo da utilizzare elevato a regola esprime il primo messaggio che viene indirizzato a chi si accinge a studiare la disciplina; così il più importante fra i canoni inaugura l’articolato come di seguito:

Can. 1: Metodo di studio

§1 – Lo studio della disciplina ritmica e solistica in quanto arte musicale, va coltivato con coerenza, costanza ed impegno; non può prescindere da esercizio ed allenamento quotidiani, rispetto puntuale delle modalità indicate d’esecuzione degli argomenti con rigore tecnico.

§2 – Le regole per la corretta esecuzione e studio puntuale vanno osservati con diligenza e serietà, al fine di padroneggiare la disciplina con qualità professionale.

§3 - L'approfondimento della materia non esclude l'auspicabile iniziativa di ricerca e sviluppo degli argomenti, nel pieno spirito della scoperta empirica delle più importanti nozioni musicali teoriche e pratiche.

§4 – Si vieta il timore e l'indugia nello studio degli argomenti e nella relativa esecuzione od interpretazione, nonché il dubbio sull'utilità e/o la necessità di questi, poiché l'intera disciplina in ogni sua parte è elemento integrante indefettibile per la più corretta conoscenza e padronanza della stessa.

Il primo canone esordisce con quattro commi di portata pressoché lapidaria: gli oggetti disciplinati sono lo studio, le regole, l'approfondimento ed per ultimo, ma non meno importante, i divieti. Questi quattro oggetti possono essere considerati come i quattro più importanti e fondamentali punti di riferimento dello spirito della materia.

Il primo comma si riferisce all'approccio allo studio: come deve essere affrontato, con quale atteggiamento, con quale spirito, con quale intento.

Il secondo comma si riferisce al rispetto delle regole che possono senza dubbio essere quelle ricondotte a questa intera opera articolata, la modalità d'osservanza ed il fine ultimo perseguito.

Il terzo comma sancisce il più importante fra gli oggetti dello spirito della materia: l'onere all'aggiornamento, alla correzione, alla ricerca ed allo sviluppo, allo studio imperterrito e produttivo.

Il quarto ed ultimo comma si riferisce a cosa da questo ordinamento è vietato: fondamentalmente il timore di eseguire e studiare, l'indugia d'interpretare, il dubitare sull'utilità e la necessità delle parti della materia (poiché ne varrebbe della sua stessa ragione d'esistenza). Da ciò si deduce che nulla è pleonastico: la conoscenza pura della disciplina Ritmica e Solistica, così come pensata ed elaborata all'interno del metodo (contenuto in massima parte nell'omonimo Manuale) "Ritmica-Mente" c'è o non c'è: *tertium non datur*.

Ben si comprende come quindi questo primo canone statuisce a guisa precettiva quando programmaticamente annunciato dai cinque madrigali.

Can. 2: Nomenclatura

*§1 - Le dita della mano sinistra vengono indicate con i numeri arabi[8] seguenti: indice **1**; medio **2**; anulare **3**; mignolo **4**; pollice **0**.*

*§2 – Le dita della mano destra, qualora non si utilizzasse il plettro, vengono indicate con le lettere iniziali: pollice **p**; indice **i**; medio **m**; anulare **a**.*

§3 – Le corde della Chitarra vengono indicate con numeri arabi cerchiati: Mi cantino ①; Si ②; Sol ③; Re④; La ⑤; Mi grave ⑥.

§4 – Fermo restando quanto contenuto al comma precedente, negli accordatori elettronici le corde vengono rispettivamente indicate con: 1E, 2B, 3G, 4D, 5A, 6E.

§5 – I tasti della Chitarra vengono indicati con numeri romani[9]: I, II, III, IV, V, VI, VII, VIII, IX, X, XI, XII, etc.

---

[8] I numeri arabi, prima conosciuti come numeri indo-arabici, o anche come numeri indiani, numeri indù, numeri arabi occidentali, numeri europei, o numeri occidentali, sono la rappresentazione simbolica delle entità numeriche più comune al mondo. Sono considerati una pietra miliare nello sviluppo della matematica. Si può distinguere tra il sistema posizionale utilizzato, conosciuto anche come sistema numerico indo-arabo, ed il preciso glifo utilizzato. I glifi più comunemente usati in associazione all'alfabeto latino sin dai tempi dell'Era moderna sono 0 1 2 3 4 5 6 7 8 9.

[9] Il sistema di numerazione romano è un sistema di numerazione additivo, ovvero a ogni simbolo è associato un valore e il numero rappresentato è dato dalla somma dei valori dei simboli (che assomigliano a delle lettere e che pertanto possono essere definiti "simboli letterari").

Il secondo canone si riferisce alla denominazione dei principali elementi coi quali si ha a che fare non appena si inizia a studiare tanto la Ritmica quanto Solistica chitarristica: dita, corde e tasti. Il primo comma prevede in riferimento al pollice il numero **0**. Ciò sulla base del semplice fatto che tale dita non ha alcuna funzione nella esecuzione degli accordi o delle scale sulla tastiera: il suo ruolo viene disimpegnato dietro il manico per dare stabilità, così come disciplinato al **Can. 6, 1° comma**.

Si riporta qui compendiato quanto analizzato in altra sede (Manuale Ritmica-Mente) in modo più diffuso: "[...] *La mano destra (a differenza della quale nella Chitarra Classica in cui da pollice ad anulare le dita prendono i nomi di: p, i, m, a) tiene il plettro tra pollice ed indice rivolgendo la punta verso le corde, e le altre dita (medio, anulare, e mignolo) non vengono utilizzate (se non per mantenere una certa stabilità, ma solo nella solistica, ed in casi molto particolari); il movimento sussiste solo nella rotazione del polso, e solo in particolari pennate decisamente movimentate sarà interessata anche la rotazione del gomito (considerando che il braccio poggia sul fianco superiore della chitarra, e l'avambraccio è chiuso e rivolto verso il centro dello strumento). La mano sinistra è quella che ci interessa particolarmente: le dita (da indice a mignolo) prendono i nomi di 1, 2, 3, 4. Il pollice non viene utilizzato se non per acquisire stabilità: sotto certi aspetti è molto importante in quanto senza la presenza del pollice non si avrebbe quella fermezza nella impugnatura necessaria per la corretta pressione delle altre dita sulle corde (soprattutto in caso di barré)[...]*"

A partire dalla Settima edizione del Manuale "Ritmica-Mente" gli accordi ed i giri armonici contengono al loro interno anche l'indicazione delle dita entro quei cerchietti neri che starebbero a significare in quale punto il dito deve tangere la corda, e ciò nel seguente modo: pollice = ⓿; indice = ❶; medio = ❷; anulare = ❸; mignolo = ❹.

Bisogna non confondere però questo "0" (pollice della mano sinistra nel contesto della diteggiatura) con lo "0" che in talune tablature viene indicato come a significare la vibrazione della corda vuota cioè senza che sia intercettata in un qualche tasto (a differenza della "X" che ha come significato il non sollecitare la corda in quanto dissonante, p.es.: nel Re-).

In riferimento alla mano destra il secondo comma si esprime facendo espresso richiamo al plettro: nella ritmica e nella solistica, a differenza che nella disciplina "classica" viene utilizzato prevalentemente il plettro, il c.d. pennino, indispensabile per la sollecitazione delle sei corde in esecuzione degli accordi (plettrata), o delle corde singole (pennata), così come disciplinato al **Can. 8**.

Tanto per le dita della mano sinistra, quanto quelle della mano destra (a differenza delle corde, come vedremo) parlasi d'un *numerus clausus*.

Mentre il terzo comma esplicita l'equivalenza tra il nome che viene dato alle corde nella diteggiatura (numeri cerchiati) ed il nome che viene dato in musica (note che rispettano l'ordine delle quinte), il quarto comma dà ulteriore denominazione di queste nel linguaggio internazionale: viene al contempo indicato numero della corda (non cerchiato) e nota nella notazione internazionale d'origine anglosassone.

Questa notazione si esplicita nel modo seguente: Do, Do#, Re, Re#, Mi, Fa, Fa#, Sol, Sol#, La, La#, Si[10], che corrispondono rispettivamente a C, C#, D, D#, E, F, F#, G, G#, A, A#, B[11], che in riferimento alla (e partendo dalla) prima nota coincidono con

---

[10] Scala cromatica d'uso in Italia.

[11] Scala cromatica internazionale o anglosassone.

Prima o Tonica, Seconda Minore, Seconda Maggiore, Terza Minore, Terza Maggiore, Quarta Giusta o Sottodominante, Quarta Aumentata o Quinta Diminuita, Quinta Giusta o Dominante, Sesta minore, Sesta Maggiore, Settima Minore, Settima Maggiore[12]

Taluni accordatori anziché seguire l'ordine delle quinte corretto per chitarra (indicando solo le note di cui al comma quarto, con l'aggiunta talvolta – per le chitarre a sette corde – pure 7B, equivalente eventualmente a ⑦), seguono l'ordine delle seconde minori (cioè quello cromatico).

L'eventuale settima corda (non contemplata nel metodo "Ritmica-Mente" poiché davvero infrequente) consiste in un Si grave anteposto al Mi grave. Diversa è la questione per la chitarra dodici-corde ove ciascuna coppia di corde (medesima nota benché ad ottave diverse, ad eccezione di Mi cantino e Si) viene intercettata e suonata insieme, non separatamente: la nomenclatura delle corde per una chitarra di tal fatta segue una regola non del tutto diversa, ma non riconducibile a questa *sedes materiæ*.

Can. 3: Struttura della tastiera

4*1 – La tastiera della chitarra è separata da asticelle metalliche chiamate "fret"; queste giovano ove le corde fossero intercettate dalle dita della mano sinistra a dare la nota o l'accordo.*

4*2 – I "fret" non vanno mai toccati: tangere queste asticelle metalliche compromette la corretta vibrazione della corde.*

4*3 – La parte bassa della tastiera è quella in prossimità del capotasto; la parte alta ove invece terminano i tasti.*

Il terzo canone fa esplicito riferimento al ruolo del *fret,* ed alla particolare attenzione che di esso se ne deve fare.

[12] Rapporti fra le note rispetto alla prima della scala cromatica.

Il rischio che si corre nel toccare i *fret* consiste nello "sbavare": far venir fuori un suono cupo o connotato da imprecisione. La violazione del secondo comma dell'articolo in argomento comporta l'impossibilità di ottenere un suono pulito: il che implica l'obbligo d'intercettare la corda nel punto medio fra un *fret* e l'altro, nel punto di massima flessibilità della corda, così come disciplinato dal **Can 6, 4° comma**.

Parte della dottrina[13], forse facendo più riferimento a strumenti come il basso, ritiene che sia invece congeniale l'intercettare la corda in prossimità del *fret* in modo da aumentare la possibilità che la corda da esso (*fret*) sia intercettata. Si ritiene invece più correttamente che il centro fra un *fret* ed un altro sia il punto di massima flessione della corda, ove quindi sia più facile consentire alla corda di essere intercettata dal fret successivo, in quanto la corda è piegata con maggior semplicità, in quanto avvicinando il dito al fret aumenta il rischio di interferire sulla corretta e libera vibrazione della corda.

Tutti gli archi (violino, viola, violoncello, contrabbasso, octobasso, etc) sono privi, così come anche il basso *fretless,* di queste asticelle metalliche, ove in luogo del *fret* è lo stesso dito dell'esecutore che dà l'intercetta alla corda: il rischio che si corre è di aver maggior difficoltà di individuare la nota naturale.

L'ultimo comma del **Can. 3** fa riferimento all'altezza della tastiera: al contrario della legge di gravità, la parte "bassa" è quella che tende verso l'alto in quanto in cima al manico (quindi bassa perché intercettabili le note più basse delle corde); la parte "alta" è quella in prossimità col centro della chitarra, ove terminano i tasti (cioè ove sono intercettabili le note più alte delle corde).

---

13 Francesco Di Gregorio, Bassista presso Orchestra "Riviera dei Ciclopi".

Can. 4: Le note delle corde

§1 – Le corde della Chitarra in riferimento alla tastiera rispondono, ciascuna dalla nota di partenza, alla scala cromatica[14].

§2 – Non viene indicata alcuna differenziazione per note naturali e diesis (#)[15] *o bemolle (b)*[16]*, se non con i punti di riferimento indicati sul manico o sulla tastiera.*

§3 – La parte bassa delle corde corrisponde a quella composta dalle corde gravi; la parte alta è invece quella composta dalle corde cantine.

Il quarto canone fa riferimento alle note delle sei corde della chitarra così come disciplinate dal **Can. 2, 3° comma**, rapportato ai tasti, i quali, a loro volta, sono disciplinati dal **4° comma** del citato canone. Per quanto riguarda la notazione internazionale vale la spiegazione *supra*.

I punti di riferimento di cui fa menzione il 2° comma del **Can. 4**, sono i puntini (bianco su nero sulla tastiera delle chitarre acustiche ed elettriche, bianco su legno sul manico delle chitarre classiche) collocati ai tasti: **III** (solo acustiche ed elettriche), **V, VII, IX, XII, XV, XVII, XIX,** etc. Eccetto i tasti che segnano l'inizio o la fine dell'ottava (p.es.: **XII**), i puntini di riferimento sono collocati solo in tasti dispari: questi hanno una peculiare

---

[14] Una **scala cromatica** è una scala musicale composta da tutti e dodici i semitoni del sistema temperato, in cui il semitono è considerato l'intervallo minimo tra due note. Il termine "cromatico" deriva dal greco *chroma* (colore): in genere le note cromatiche sono intese come armonicamente poco significanti e utilizzate per dare "colore" alle scale diatoniche.

[15] Nella notazione musicale, **diesis** (anche detto **diesi**) è il simbolo che indica che la nota a cui si riferisce va alzata di un semitono, ed il suo simbolo è ♯ (da non confondersi con quello del cancelletto,#). Il termine italiano deriva dal greco *dìesis* che significa intervallo. In altre lingue ci si riferisce a questo segno con termini analoghi a "croce" o "nota sostenuta, spinta verso l'alto".

[16] Nella notazione musicale, **bemolle** è il simbolo che indica che la nota a cui si riferisce va abbassata di un semitono, ed il suo simbolo è ♭ . Il termine deriva dalla dicitura *"b - molle"*. Nella musica antica, la lettera **b** stava ad indicare il si, che, nel canto gregoriano, era l'unica nota che poteva essere alterata (e diventare si bemolle). Sul significato dell'aggettivo "molle" esistono due ipotesi, ognuna delle quali ha probabilmente la sua parte di verità:

importanza al fine di comprendere le ulteriori regole, come p.es.: quelle di costruzione degli accordi sulla tastiera.

Il terzo comma del canone quarto, con non poca similitudine col suo gemello sul canone terzo, statuisce – *mutatis mutandis* - che le corde "basse" sono quelle gravi (cioè che hanno un suono basso, grave: Mi grave, La, Re); le corde "alte" sono quelle cantine (cioè che hanno un suono acuto: Sol, Si, Mi cantino). Vale pertanto quanto già detto, in riferimento alla legge di gravità, per il **Can. 3, 3° comma**, in quanto si tiene conto non già della loro "distanza dal terreno" ma della cromatura di suono ovvero di frequenza acustica, in ossequio alle leggi della Fisica del suono.

Can. 5: Impostazione del Corpo

§1 – Suonando la chitarra il corpo deve assumere una posizione eretta, con schiena, collo e testa dritti.

§2 – Il fianco inferiore della chitarra deve aderire completamente alla gamba destra mantenendo un verso orizzontale[17]*.*

§3 – Il gomito sinistro deve essere leggermente aperto verso l'esterno; il gomito destro sopra tra il fianco superiore e la faccia della chitarra aderendo all'angolo ivi formato.

Il quinto canone si riferisce all'impostazione che si deve assumere per poter suonare, studiare, eseguire nella più completa comodità e correttezza, in modo tale da mantenere una postura non semplicemente elegante (modalità ch'esigerebbe la disciplina), ma giusta ai fini di non incorrere in problemi alle ossa ed ai muscoli della schiena e del collo.

[17] Nella impostazione della disciplina "classica" la chitarra viene posizionata fra una gamba ed un'altra, col fianco inferiore poggiato sulla gamba sinistra, il piede sinistro sopra un poggia-piede, e l'intera chitarra così inclinata con il manico indirizzato verso l'alto a sinistra.

Inoltre, assumere una postura corretta agevola e favorisce lo studio della disciplina, talché si manifesta come meno stancante, essendo questo composto non di sola teoria ma anche di pratica.

Il secondo comma del quinto canone statuisce il principio secondo cui è vietato coricarsi all'indietro nell'eseguire correttamente l'esercizio, stando quindi seduti correttamente facendo gravare il peso della colonna vertebrale pienamente sul bacino a 90°. Tale comma però esula nelle ipotesi in cui l'esecuzione della chitarra vien realizzata da una postura in piedi, ove la libertà di movimento scioglie da qualsivoglia regola di postura desumibile dai commi primo e secondo, non anche dal terzo, in quanto inerente alla posizione delle braccia.

La prima parte del terzo comma del **Can. 5** fa riferimento all'esecuzione del barré: si ritiene infatti che l'apertura del gomito sinistro ruoterebbe la mano sulla tastiera in modo tale da facilitarne l'impugnatura.

Conseguente al canone che si riferisce alla postura fisica v'è quello riferito all'impostazione della mano sinistra, qui di seguito.

Can. 6: Impostazione della mano sinistra

*§1 – La mano sinistra, volgendo il palmo verso l'alto, pone il pollice (**0**) dietro al manico in senso verticale, dritto, non facendolo fuoriuscire oltre la tastiera.*

*§2 – Il medio (**2**), posto in coincidenza del pollice, come tutte le altre tre dita, tange la corda con il polpastrello.*

§3 – Le dita stanno in posizione assolutamente perpendicolare con la falangetta a 90° sulla tastiera; non devono coricarsi, piegarsi o flettersi.

§4 – Nell'intercettare le corde, le dita devono collocarsi nel punto medio fra un fret e l'altro, nel punto di massima flessione della corda.

§5 - Il dito indice, in luogo di barré, tange tutte e sei le corde assolutamente dritto, senza curve angolazioni o piegamenti: alla tastiera dev'esser assolutamente aderente in ogni sua parte.

Importantissimo canone il sesto per quanto ne concerne la mano "guida" della disciplina. Queste regole valgono assolutamente tanto per la Ritmica quanto per la Solistica, ma con certezza s'esige un particolare rigore per quest'ultima branca della materia, datane la precisione[18].

Beninteso che i primi quattro commi del citato comma valgono tanto per accordi (*i.e.:* Ritmica chitarristica) che per scale (*i.e.:* Solistica chitarristica), resta da capire ove si applica il quinto comma.

L'ultimo comma citato, il quinto del Canone sesto per la precisione, si applica sempre nella Ritmica, ed in casi davvero eccezionali nella solistica: escludendo gli arpeggi, fenomeni di barré nella solistica possono trovarsi solo in talune scale come le boogie o le scale per terze.

Il contenuto del **Can. 6**, nella sua integralità, non è altro che la versione regolamentare di quanto contenuto nel capitolo di Ritmica-Mente dedicato, ad inizio Manuale, a come posizionare le mani sulla chitarra, essendo questo un punto nevralgico d'interesse della materia, sotto ogni suo aspetto: teorico e pratico.

---

[18] Mi piace raccontare spesso ad i miei alunni per far comprendere bene la distinzione fra approccio alla Ritmica ed approccio alla Solistica una metafora singolare, che spero sia intesa nel senso più corretto: "Il muratore adopera arnesi da lavoro molto grandi in quanto deve disimpegnare attività di particolare entità e di un certo spessore, trasportando carichi di grossa mole ed elevato peso, facendo ampi movimenti talvolta con grossolane manovre; il chirurgo invece, nell'eseguire operazioni minuziose, utilizza arnesi davvero piccoli al fine d'eseguire il lavoro nella guisa più precipua, attenta e misurata, badando a non errare neanche di qualche millimetro, poiché ne va della vita di chi sta sotto ai ferri. Ecco che mentre facendo ritmica siamo dei muratori (poiché sono necessarie manovre molto ampie), facendo solistica siamo dei chirurghi (in quanto necessitano manovre davvero minute)."

La centralità di questo argomento, che ha portato taluni docenti ed Autori a pubblicare interi libri e manuali solo a questo argomenti, giustifica il maggior disimpegno di energie nella spiegazione e nell'apprendimento. Qui si riporta siffatto argomento compendiato:

"[...] Il fianco concavo della chitarra (che dirige il manico verso sinistra) poggia sulla gamba destra, senza poggiapiedi (come nella Chitarra Classica), né inclinazioni particolari, ma non deve sussistere spazio aperto tra fianco della chitarra e gamba; la schiena deve stare dritta, così come il collo e la testa. [...] Nella solistica ogni dito, se da un canto gode di uno spazio privilegiato sulla tastiera che non deve condividere con nessun'altro dito, dall'altro deve rigidamente contenersi entro il proprio tasto senza lasciare tasti inoccupati, né tanto meno toccare l'asticella metallica che divide un tasto dall'altro chiamata "fret".

Il pollice sta in coincidenza del dito medio, e nascosto dietro al manico della chitarra, anche quando tale dito (medio) non è utilizzato nell'accordo o nella scala, ed anche quando c'è da eseguire un barré, il pollice non deve spostarsi né in coincidenza dell'indice, né in coincidenza delle altre due dita, per questioni di equilibrio: il medio è il baricentro delle quattro dita in quanto la forza scaturita dall'indice è pressoché pari a quella scaturibile da anulare e mignolo insieme (p.es.: qualora la mano sinistra dovesse assumere una posizione tale da porre l'indice al primo tasto, il pollice starà in coincidenza del secondo).

I polpastrelli delle dita sulla tastiera devono poggiare perpendicolarmente, a "martelletto" in modo da creare tra la tastiera e l'unghia un angolo di 90° rivolto verso l'esecutore o studente.[...]"

Can. 7: Modalità di esecuzione

§1 – La mano sinistra deve imprimere la massima forza in tutte le sue dita; l'indice, in luogo di barrè, deve imprimere massima pressione dalla falange[19].

§2 – La mano destra deve sollecitare le singole corde nella solistica e nell'arpeggio, e tutte insieme nella ritmica, con la massima delicatezza e la debita precisione.

§3 – Nella ritmica, sollecitando le corde per il tramite delle pennate, è necessario concentrare le energie sulla vibrazione delle corde cantine più che di quelle gravi.

Tanto più fortemente si premono le corde della mano sinistra, quanto più pulito verrà fuori il suono (primo comma); tanto più delicatamente si sollecitano le corde con la mano destra, quanto più dolce verrà fuori il suono (secondo comma). Il Suono quindi dev'essere prodotto, come desunto dal combinato disposto del primo comma e del suo capoverso, come pulito e dolce. Non osservare il canone settimo comporta produrre un suono sporco ed aspro.

In aggiunta il terzo comma statuisce un importante regola d'esecuzione: preferibile è il far vibrare maggiormente le corde cantine (Mi cantino, Si, Sol), prima ancora che le corde gravi (Re, La, Mi grave), in quanto non sarebbe possibile altrimenti comprendere la sfumatura dell'accordo, coglierne il suono originale, che solo nelle frequenze alte è apprezzabile.

---

[19] Si definisce **falange** ciascuna delle ossa che, articolandosi tra loro e con le ossa del metacarpo o del metatarso, compongono un dito della mano o del piede. Generalmente si contano, tanto nel piede quanto nella mano, 14 falangi, delle quali due compongono il primo dito (il pollice nella mano e l'alluce nel piede) mentre le restanti, tre per dito, compongono le ultime quattro dita. A ciascuna falange viene dato un nome solitamente formato dal termine falange accompagnato da un aggettivo che ne identifichi la posizione o i rapporti. In alternativa si usa invece un nome che ne identifichi la grandezza. Si ha così che il termine **falange** può anche identificare la prima e più lunga tra le falangi di un dito. In questo caso le restanti falangi sono dette, in ordine di lunghezza, **falangine** e **falangette**.

Qui riportati alcuni passi tratti dal Manuale "Ritmica-Mente": *"[...]Il barré è un elemento fondamentale dello studio della ritmica, e uno dei primi ostacoli da superare (solitamente incontrato al terzo giro armonico standard prima serie nel Si-): la posizione che deve assumere l'indice nel barré deve essere di completa rigidità, poiché per poter riuscire a intercettare tutte e sei le corde è necessario che non si creino curvature nel dito, e soprattutto tra nocca e punta del dito deve potersi poggiare una qualsiasi matita o righello potendo toccare le due estremità senza curve o dislivelli.*

Per una migliore esecuzione di questo importante elemento della ritmica chitarristica si consiglia di esercitare la maggior pressione su un punto ben determinato del dito, il quale così eviterebbe curve concave del dito: la falange.

Sussidiariamente è sempre possibile adoperare le medesime posizioni per lo studio dello strumento indicate nella Chitarra Classica, sia per chi abbia già tale impostazione (non volendo contaminarla), sia per chi per eleganza la preferisca a questa (più comoda)."

Talvolta qualche alunno domanda se non sia possibile sostituire il barré con un barré fisso (chiamando anche ponte mobile). L'oggetto consiste in una molla od in una cinghia che consente con una qualche rigidità di bloccare tutte e sei le corde (la capacità d'intercetta di tutte sei le corde dipende anche dalla qualità dell'arnese).

Mentre è possibile adoperarlo laddove si volesse eseguire una determinata canzone, brano, esercizio ad una certa altezza della tastiera della chitarra in modalità permanente, non è possibile farne un uso temporaneo p.es.: all'interno dell'esecuzione di un giro armonico, in quanto la *ratio* del giro armonico è proprio quella di far imparare l'esecuzione del barré.

Can. 8: Sollecitazione delle corde

§1 – Nella Ritmica le corde vanno sollecitate attraverso le pennate: movimenti ascendenti o discendenti inerenti le sei corde in concomitanza degli accordi.

§2 – Nella Solistica la corda la sollecitata attraverso la plettrata: movimento semplice od alternato, ascendente e discendente, sulla singola corda, in concomitanza della intercettazione.

§3 – Nell'arpeggio le corde vanno sollecitate attraverso l'arpeggiato: movimento scandito sulle sei corde, ascendente, discendente o misto, in concomitanza degli accordi.

Questo ottavo canone fa certamente da *pendant* al canone precedente (il settimo, specialmente al suo ultimo comma): viene descritta la modalità di sollecitazione delle corde in Ritmica, Solistica ed Arpeggio, essendo quest'ultimo un valido connubio tra Ritmica (per gli accordi) e Solistica (sollecitazione delle singole corde).

Ben si comprende come nella Ritmica le varie pennate, con diversi tempi p.es.: 4/4, 3/4, 2/4, etc., assumono un nome differente l'una dall'altra, che può essere più o meno onomatopeico: alcuni esempi sono NtaNtaNanna, Cufucuncik, TaTaTaTaraTaraTaTaTara, e così via. Ma più semplicemente queste vengono indicate con numeri: rispettivamente le pennate *supra* sono la N°4, la N°5, la N°11, e così via.

Le modalità di esecuzione delle scale standard (non anche quelle per terze), che il Manuale "Ritmica-Mente" chiama "andamenti" sono, descritti quasi ai limiti dell'illustrazione, i seguenti:

Andamento standard: Con questo andamento le scale vengono eseguite interamente con un'andatura costante, senza variazioni nell'accento, assecondando il battito del metronomo.

Andamento sincopato: Con questo andamento le scale vengono eseguite invece con una cadenza ed un accento diverso: le note, a gruppi di due per volta vengono eseguite la prima con una durata ed un accento superiore, la seconda con una durata ed un tempo inferiore.

Andamento ritroso: Con questo andamento le scale vengono eseguite in un modo alquanto differente, a metà tra lo standard e la modalità d'esecuzione delle scale per terze: l'andatura è costante, ma per ogni tre note ascendente ve n'è una discendente (per intenderci: tre passi avanti ed uno indietro).

In riferimento all'arpeggio invece non c'è da dire altro che questo fa capo principalmente alle rappresentazioni grafiche così come contenute nel manuale e numerate di volta in volta, p.es.: Arpeggio N°1, Arpeggio N°2, e così via.

Ciascuna metodologia di arpeggio è a sua volta scissa in tre modalità d'esecuzione: la prima per gli accordi che hanno la tonica sulla quarta corda (p.es.: Re, Re- e derivati, Re7 e derivati); la seconda per gli accordi che hanno la tonica sulla quinta corda (p.es.: Do e derivati, La e derivati, La- e derivati, La7 e derivati, Si7); la terza per gli accordi che hanno la tonica sulla sesta corda (p.es.: Mi e derivati, Mi- e derivati, Mi7 e derivati, Sol7, Sol).

Per il discrimine fra accordi originari ed accordi derivati si rimanda al Titolo Secondo di questo Codice, dedicato alla Ritmica chitarristica: accordi e pennate.

II. TITOLO SECONDO: RITMICA

Questo secondo titolo del Codice è dedicato a quella parte della disciplina che inerisce ad accordi e Giri Armonici (ripartiti in generi e metodi), sfumature e regole di costruzione degli accordi.

Ribadendo che si accentua sempre più qui il legame col metodo Ritmica-Mente sussistendo qui tecniche ed elementi di pura invenzione dell'autore, si introduce la regolamentazione dedicata alla parte più semplice dello studio della Chitarra.

A fronte della semplicità della esecuzione pratica sussiste in vero la complessità della teoria che vi sta dietro: questa parte del Codice s'impegna a presentare ogni spiegazione, in guisa tale da render sempre più fruibile al discente la comprensione del contenuto degli istituti.

D'altra parte la superiore pragmaticità di questi argomenti giustifica la minor presenza di commento (che abbiamo visto corredare in larga parte i canoni del Titolo Primo) dato che qui le regole sono dotate di un tenore più descrittivo che normativo *stricto sensu*.

Per evitare superfetazioni esplicative qui ci si limiterà al minimo indispensabile, per renderne più agevole la lettura e lo studio.

Can.9: Accordi

§1 – Gli accordi sono gruppi di non meno di tre note eseguiti sulla tastiera della chitarra e si differenziano nelle loro varie sfumature maggiori e minori.

§2 – Se non prevedono il ricorso al barrè questi sono originari o semplici; qualora invece lo prevedessero si qualificano come derivati o costruiti.

§3 – Gli accordi derivati o costruiti sono collocati sulla tastiera ed assumono le forme degli accordi originari nelle loro varie sfumature maggiori e minori.

Inaugura la seconda parte del Codice il nono Canone, che si fregia della rubrica – connotata da non poca genericità – rispondente ad "Accordi". L'Accordo – come statuisce il primo comma - è la consonanza di tre note almeno: se a vibrare sono solo due corde (o più corde ma con sole due note ripetute) non può parlarsi d'altro che di bicordo.

L'Accordo base è quindi essenzialmente un tricordo (o triade, distinguentesi in maggiore e minore), per poi divenire formato da quattro note o più nelle sfumature (o Accordi sfumati).

Il secondo comma riporta una importante distinzione: riguarda la *summa divisio* tra accordi semplici (o originari) e accordi composti (o derivati). Mentre gli accordi semplici (o originari) sono quelli che si costruiscono senza il ricorso al barré, gli accordi composti (o derivati) non possono farne a meno sulla base dell'applicazione delle Regole del Mi (Can. 29), del La (Can. 30), del Re (Can. 31), e del Do (Can. 32).

L'applicazione dei Cann. 29-32 – nonché del **3° comma** del **Can. 9** in esame - passa però per l'osservanza del **Can. 28**, della cui spiegazione si rimanda all'apposita sede.

Can.10: Sfumature

§1 – Le Sfumature sono, rispetto alle triadi maggiori e minori: Settima, Sesta, Quarta, Seconda, Undicesima, Tredicesima, Settima aumentato, Diminuito, Semidiminuito, etc.

§2 – La composizione dei diversi accordi è ricondotta ai diversi ordini della ciclicità, che caso per caso individuano il nesso matematico-musicale della loro struttura.

§3 – Le sfumature costituiscono i diversi giri armonici in relazione ai loro generi.

Così come già anticipato per il canone precedente, le sfumature sono le variazioni – rispetto alle triadi maggiori e minori - degli accordi, con l'aggiunta di una nota (che sulla chitarra può realizzarsi anche con la sottrazione di un dito dalla tastiera della chitarra).

L'elenco contenuto al primo comma del **Can. 10**, non è però un *numerus clausus*: la lista – appunto chiusa dal "etc." - ben ci fa comprendere come può essere integrata da nuove sfumature scoperte sulla base del principio della dinamica della disciplina sancita al **3° comma** del **Can. 1**.

Tutta la schematica della ciclicità, cui fa richiamo il secondo comma, è analizzata con dettaglio nella prima parte del Manuale Ritmica-Mente, ed ad esso ci si fa rimando per intero.

I generi dei Giri Armonici, analizzati ai Cann. 20-27, si distinguono l'un l'altro per la diversa composizione e combinazione delle sfumature adoperate: il terzo comma del canone in esame spiega come esse, in base a che le sfumature siano disposte in un modo e non in un altro all'intero del Giro Armonico, costituiscono di volta in volta il Giro Armonico base, il betarmonico, il gammarmonico, il deltarmonico, e così via.

Can.11: Accordo base o triade

§1 – L'accordo Maggiore è formato dalle note: Prima o Tonica, Terza Maggiore, Quinta Giusta o Dominante. L'accordo Minore è formato dalle note: Prima o Tonica, Terza Minore, Quinta Giusta o Dominante.

Ci si potrebbe giustamente domandare come, in una chitarra formata da sei corde, si debbano sollecitare tutte queste benché l'accordo base è formato da sole tre note. La risposta è semplice: si creano molto spesso, in base alle diverse forme utilizzate per l'esecuzione degli accordi, suoni "doppioni".

La stessa nota viene irrimediabilmente suonata più volte, due o anche tre. Un classico esempio è quello del Do maggiore base: la prima corda è suonata a vuoto (riproducendo la nota Mi: Terza maggiore); la seconda corda è suonata intercettata dall'indice al primo tasto (riproducendo la nota Do: tonica o prima); la terza corda è suonata a vuoto (riproducendo la nota Sol: Quinta giusta o dominante); la quarta corda è suonata intercettata dal medio al secondo tasto (riproducendo ancora una volta la nota Mi: terza maggiore); la quinta corda è suonata intercettata dall'anulare al terzo tasto (riproducendo ancora una volta la nota Sol: Quinta Giusta o Dominante); infine la sesta corda è suonata a vuoto (riproducendo ancora una volta la nota Mi: terza maggiore).

Così come avviene per il Do maggiore base, avviene per tutti gli altri accordi, rilevando tuttavia eccezioni laddove viene richiesto (per il tramite di una "x" sulla corda) di non suonare tutte sei la corde ma solo p.es.: cinque: cosa che accade in riferimento agli accordi di Re, Re-, Re7, etc.

Compreso ciò ci si limiterà, per i diversi canoni seguenti dedicati in rubrica alle diverse sfumature, a riportare il solo testo normativo, in quanto *in claris non fit interpretatio*.

Can.12: Accordo Settima

§1 – L'accordo Maggiore Settima è formato dalle note: Prima o Tonica, Terza Maggiore, Quinta Giusta o Dominante, Settima Minore. L'accordo Minore Settima è formato dalle note: Prima o Tonica, Terza Minore, Quinta Giusta o Dominante, Settima Minore.

§2 – L'accordo di Settima Aumentato è formato dalle note: Prima o Tonica, Terza Maggiore, Quinta Giusta o Dominante, Settima Maggiore.

Can.13: Accordo Quarta

§1 – L'accordo Maggiore Quarta è formato dalle note: Prima o Tonica, Terza Maggiore, Quarta Giusta o Sottodominante, Quinta Giusta o Dominante. L'accordo Minore Quarta è formato dalle note: Prima o Tonica, Terza Minore, Quarta Giusta o Sottodominante, Quinta Giusta o Dominante.

Can.14: Accordo Sesta

§1 – L'accordo Maggiore Sesta è formato dalle note: Prima o Tonica, Terza Maggiore, Quinta Giusta o Dominante, Sesta Maggiore. L'accordo Minore Sesta è formato dalle note: Prima o Tonica, Terza Minore, Quinta Giusta o Dominante, Sesta Maggiore.

§2 – Tutti gli accordi, se nella sfumatura d Maggiore Sesta, equivalgono a quelli un tono e mezzo (tre semitoni) più sotto di

Settima Minore[20]*, o anche a quelli che nei giri armonici standard risultano essere i secondi (convertiti da minore in settima minore) rispetto ai primi (convertiti da maggiore in Sesta maggiore).*

Interessante è quanto accade nel fenomeno disciplinato dal secondo comma del **Can. 14**: caso che ritornerà in riferimento con gli accordi diminuiti, ma che qui mette in relazione gli accordi di Maggiore Sesta e quelli di Minore Settima. Il fenomeno in esame prende il nome di "scambio di rapporti": le note sono sempre le stesse, ma in base a che si considerino taluni rapporti e non altri l'accordo assume un nome anziché un altro.

Si faccia l'esempio del Do6: questo è formato dalle note: Do (Prima o Tonica), Mi (Terza maggiore), Sol (Quinta Giusta o Dominante), La (Sesta Maggiore). Capiamo bene come questo accordo può essere eseguito semplicemente per il tramite dell'esecuzione del La-7, per due motivi:

A) L'Accordo di La-7 è formato dalle note: La (Prima o Tonica), Do (Terza minore), Mi (Quinta Giusta o Dominante), Sol (Sesta Maggiore). *Ergo* le note elencate coincidono indipendentemente dalla loro collocazione rispetto alla tonica.

B) A differenza di quanto avviene nel Pianoforte, ove sussiste la possibilità di differenziare l'esecuzione del Do6 dal La-7 per il tramite del c.d. "Riporti", nella Chitarra questa modalità di differenziazione non trova applicazione: ben si comprende come quindi l'esecuzione del La-7 vale tanto per quest'accordo quanto per il Do6.

Quanto detto nei due punti esplicativi supra vale per qualsiasi altro accordo di Maggiore Sesta secondo il Metodo

---

[20] Contributo di Lucia Valastro, alunna presso il Corso di Chitarra del Centro Studi Acitrezza a.a. 2011/2012.

Ritmica-Mente. Ciò spiega perché nel Manuale citato di disciplina sostanziale, l'analisi di siffatto argomento espone un prospetto sinottico delle due sfumature più che l'analisi per singoli accordi che solitamente connota tale argomento nel Manuale.

Can.15: Accordo Seconda

§1– L'accordo Maggiore Seconda è formato dalle note: Prima o Tonica, Seconda Maggiore, Terza Maggiore, Quinta Giusta o Dominante. L'accordo Minore Seconda è formato dalle note: Prima o Tonica, Seconda Maggiore, Terza Minore, Quinta Giusta o Dominante.

Can.16: Accordo Undicesima

§1 – L'accordo Maggiore Undicesima è formato dalle note: Prima o Tonica, Seconda Maggiore, Terza Maggiore, Quarta Giusta o Sottodominante, Quinta Giusta o Dominante, Settima Minore. L'accordo Minore Undicesima è formato dalle note: Prima o Tonica, Seconda Maggiore, Terza Minore, Quarta Giusta o Sottodominante, Quinta Giusta o Dominante, Settima Maggiore.

Can.17: Accordo Tredicesima

§1 – L'accordo Maggiore Tredicesima è formato dalle note: Prima o Tonica, Seconda Maggiore, Terza Maggiore, Quarta giusta o Sottodominante, Quinta Giusta o Dominante, Sesta maggiore, Settima minore.

Can.18: Accordo Semidiminuito

§1 – L'accordo Minore Settima bemollizzato Quinta o Semidiminuito è formato dalle note: Prima o Tonica, Terza Minore, Quarta Aumentata o Quinta Diminuita, Settima Minore.

Can. 19: Accordi Diminuiti

§1 – L'accordo Diminuito è formato dalle note: Prima o Tonica, Terza Minore, Quarta Aumentata o Quinta diminuita, Sesta Maggiore.

§2 – Tutti gli accordi diminuiti, suddivisi in tre gruppi da quattro accordi, sono composti da quattro note, ciascuna la Sesta Maggiore rispetto al'altra

§3 – Ciascun accordo diminuito, all'interno del medesimo gruppo, si esegue allo stesso modo.

§4 – Il primo gruppo è formato da: Dodim, Re#dim, Fa#dim, Ladim; il secondo gruppo è formato da: Redim, Fadim, Sol#dim, Sidim; il terzo gruppo è formato da Midim, Soldim, La#dim, Do#dim.

Come anticipato supra, anche (e soprattutto) gli accordi Diminuiti conoscono il fenomeno dello "scambio di rapporti". Vale qui quindi - questa volta prendendo in considerazione tutte le quattro note componenti e non soltanto due! – quanto precedentemente analizzato *mutatis mutandis* per gli accordi di Sesta Maggiore nei due punti esplicativi.

Si faccia l'esempio del Dodim. Questo è formato dalle seguenti note: Do (prima o tonica), Re# (Terza minore), Fa# (Quarta aumentata o Quinta diminuita), La (Sesta Maggiore). Non solo si nota che in senso orario si ha un quadrato della ciclicità delle Seste Maggiori (Can. 19, comma 1°), ma partendo da una tonica diversa, seguendo sempre lo stesso senso, si otterranno altri tre accordi diminuiti, rispettando sempre i rapporti: Prima o Tonica, Terza Minore, Quarta aumentata o Quinta Diminuita, Sesta Maggiore. Ciò vale, come è ovvio intuire, per tutti dodici gli accordi diminuiti.

Vi è però una particolarità da attenzionare: La forma di Midim (che condivide il nome anche con Soldim, La#dim e

Do#dim) essendo formata da sole tre dita sulla chitarra, ed essendo molto simile al Mi semidiminuito (Minore Settima bemollizzato Quinta) – che a sua volta è molto simile al Minore Settima -, può essere utilizzato, ai sensi del **Can. 29** (Rubricato "Regola del Mi") per la costruzione degli accordi sulla tastiera.

Can.20: Giri armonici

§1 – I giri armonici sono formati da gruppi di accordi e si distinguono per genere e metodo.

§2 – I generi dei giri armonici sono: alfa o base, beta, gamma, delta, sigma e blues maggiore e minore.

§3 – I metodi dei giri armonici sono: standard, LAMI, REDO.

§4 – Ciascun genere può essere eseguito con un metodo diverso.

Il giro armonico è l'impalcatura su cui poggia la canzone. Tante canzoni costituiscono un'Antologia, l'unica disciplina che esula dallo studio del Metodo Ritmica-Mente, se non per accenni.

Come abbiamo visto sono gli accordi, a loro volta costituiti di note, a configurare i Giri Armonici. Questi si distinguono per genere e per metodo (Comma 1°, Can. 20). Ciò giova d avere uno spettro ampio di conoscenza dei generi musicali da un lato, e una moltitudine di modalità d'esecuzione dall'altro.

Il dovere del docente, come quello dell'Autore, è quello di offrire tutte le sue conoscenze, al fine di formare nel modo migliore i discenti. La disciplina, dal canto suo, presenta tutte le possibili varianti all'esecuzione di un elemento, al fine di far scorgere allo stesso discente quale di queste è per lui la più congeniale.

Mentre quindi la conoscenza dei generi amplia il proprio bagaglio culturale, quella dei metodi - per puri scopi didattici amplia il quantitativo degli strumenti del musicista ai fini esecutivi, entrambi parimenti imprescindibili.

Can. 21: Giro alfa armonico

§1 – Il Giro alfa armonico o armonico base è formato dagli accordi: (Prima o Tonica) Maggiore, (Sesta maggiore) Minore, (Seconda maggiore) Minore, (Quinta giusta o dominante) Maggiore Settima.

Can. 22: Giro beta armonico

§1 – Il Giro beta armonico è formato dagli accordi: Prima o Tonica) Maggiore Seconda, (Quinta giusta o Dominante) maggiore, (Terza minore) Settima aumentato, (Terza maggiore) Minore Settima. Per ciascun accordo la variazione è: Maggiore, Maggiore Quarta, Maggiore Settima, Minore.

Can. 23: Giro gamma armonico

§1 – Il Giro gamma armonico è formato dagli accordi: (Prima o Tonica) Maggiore Quarta, (Seconda Maggiore) Minore seconda, (Sesta maggiore) Minore Quarta, (Quinta giusta o Dominante) Maggiore. Per ciascun accordo la variazione è: Maggiore, Minore, Minore, Maggiore Seconda.

Can. 24: Giro delta armonico

§1– Il Giro delta armonico è formato dagli accordi: (Prima o Tonica) Settima Aumentato, (Seconda Maggiore) Minore Settima, (Quinta giusta o Dominante) Minore Settima, (Sesta Maggiore) Minore undicesima, (Quinta giusta o Dominante) Diminuito, (Quarta giusta o Sottodominante) Maggiore Undicesima.

Can. 25: Giro sigma armonico

§1 – Il Giro sigma armonico è formato dagli accordi: (Prima o Tonica) Minore Settima, (Sesta maggiore) Diminuito, (Terza maggiore) Minore Settima, (Terza maggiore) Diminuito, (Seconda Maggiore) Maggiore Undicesima, (Seconda Maggiore) Maggiore Settima.

Can. 26: Giro armonico Blues

§1 – Il Giro armonico Blues maggiore è formato dagli accordi: (Prima o Tonica) Maggiore, (Quarta giusta o Sottodominante) Maggiore Settima, due volte (Prima o Tonica) Maggiore, due volte (Quarta giusta o Sottodominante) Maggiore Settima, due volte (Prima o Tonica) Maggiore, (Quinta giusta o dominante) Maggiore Settima, Quarta giusta o Sottodominante) Maggiore Settima, (Prima o Tonica) Maggiore, (Quinta giusta o dominante) Maggiore Settima.

§2 – Il Giro armonico Blues minore è formato dagli accordi: (Prima o Tonica) Minore, (Quarta giusta o Sottodominante) Minore Settima, due volte (Prima o Tonica) Minore, due volte (Quarta giusta o Sottodominante) Minore Settima, due volte (Prima o Tonica) Minore, (Quinta giusta o dominante) Minore Settima, Quarta giusta o Sottodominante) Minore Settima, (Prima o Tonica) Minore, (Quinta giusta o dominante) Minore Settima.

Mentre il **Can. 21** disciplina il Giro armonico base, così come tutti i manuali di Ritmica lo presentano, i Cann. 22-25, la cui rubrica e di pura invenzione dell'Autore, disciplinano i giri armonici propedeutici al genere Jazz (Cann. 22 e 23), e quelli Jazz *tout-court* (Cann. 24 e 25).

In quelli propedeutici al Jazz, la seconda alinea del canone specifica la variazione che siffatte sfumature contemplano laddove ve ne sia fatta richiesta dall'esigenze dell'esecuzione.

Il **Can. 26** disciplina invece i Giri Armonici Blues. Siffatti giri stravolgono l'impostazione classica dell'"Accordo-Battuta" in quanto lo stesso accordo è più volte ripetuto, considerando che per tre accordi in generale viene disposta una griglia di dodici battute.

Can. 27: Metodi dei Giri

§1 – Il metodo standard è quello formato dagli accordi originari e derivati della prima e della seconda serie.

§2 – Il metodo LAMI è quello formato dagli accordi derivati per il tramite delle Regole del La (Can. 30) e del Mi (Can 29).

§3 – Il metodo REDO è quello formato prevalentemente dagli accordi derivati per il tramite delle Regole del Re (Can. 31) e del Do (Can 32).

Come prima anticipato, la conoscenza dei metodi amplia le possibilità di esecuzione, implementa il bagaglio di strumenti in uso, incrementa la dimestichezza con l'intera tastiera della chitarra, e ciò in quanto tali metodi abbracciano posizioni la cui collocazione raggiunge tasti davvero alti, prossimi al XII.

Una motivazione più pragmatica la si riscontra nell'"allenamento" che si realizza nell'esercitarsi con i metodi alternativi in riferimento al barré, antico nemico del neofita della Ritmica chitarristica.

Inutile ribadire che siffatti metodi rappresentano il dispiegamento di quell'intento d'alta cultura cui si propone il Metodo "Ritmica-Mente", e che esulano quindi dagli intenti di chi si saziasse di una conoscenza (davvero!) superficiale della materia, benché chi - anche neofita - munito di ordinario raziocinio intuirebbe l'indispensabilità di una siffatta conoscenza.

Mentre il metodo LAMI risponde solo all'applicazione delle regole del La e del Mi, il metodo REDO, in guisa oltremodo ibrida, risponde all'applicazione di tutte le regole di costruzione, seppure principalmente di quelle che ne danno il nome: Regola del Re e Regola del Do.

Can. 28: Regola di Costruzione

*§1 - Nel costruire gli accordi sulla tastiera con le varie forme utilizzate caso per caso, bisogna far scorrere le dita in ordine progressivo qualora si utilizzasse già l'indice (**1**) poiché questo è riservato al barrè.*

§2 - Cambiando l'ordine delle dita (mantenendo stesse corde e stessi tasti, cioè stesse intercette) il risultato non cambia.

In tutti quei casi ove l'accordo semplice od originario utilizza l'indice si applica il Can. 28 nel trasformare questi accordi in derivati con l'aggiunta del barré. Ciò avviene anche quando il dito medio viene utilizzato al secondo tasto, cioè lasciando il primo tasto vuoto, poiché l'indice non viene usato.

La spiegazione è semplice: nel primo caso l'indice serve per poter fare il barré (p.es.: nel passaggio da Mi a Fa le dita 1, 2, 3 vengono sostituite da 2, 3, 4, in quanto l'indice viene posto in barré). Nel secondo caso c'è un tasto vuoto tra il dito utilizzato (dito medio) ed il capotasto, quindi è necessario sostituire anche qui le dita (p.es.: nel passaggio dal Mi- a Fa- nel dita 2 e 3 vengono sostituite da 3 e 4; l'indice si pone in barré, mentre il medio resta inutilizzato se non per – aggiungendosi – tramutare l'accordo in maggiore).

Vistosa eccezione fa l'accordo di Minore Settima c.d. "Elegante", che non può esser realizzato se non mantenendo la coppia delle dita 2-3 invariata.

Il semplice fatto che si mantenga l'intercetta sulla corda, indipendentemente dal dito che venga utilizzato, il suono permane invariato, e richiamandosi al secondo comma del canone in esame, ben si comprende l'automatica risposta "come nella matematica" all'affermazione "Cambiando l'ordine il risultato non cambia"!

Can. 29: Regola del MI

§1 - Tutti gli accordi costruiti sulla tastiera con le forme di ***Mi, Mi-, Mi7****, Mi-7, Mi4, Mi-4, Mi-2, Mi-7b5, Mi-6, Mi7+, Mi-11, Mi11, Mi13, Midim, prendono il nome della nota sul tasto intercettata dall'indice (barré) sulla ⑥ corda, mantenendo sempre la sfumatura della forma utilizzata.*

L'importanza dei Cann. 29 e ss. Non si ha dal solo fatto che questi sono stati quelli che hanno ispirato l'Autore alla realizzazione di questo Codice, ma anche perché sono il fulcro su cui fa leva l'intera conoscenza della Ritmica sulla tastiera della Chitarra. Per tali regole, che non possono prescindere dalla conoscenza delle note dei dodici tasti delle singole corde (che il buon Maestro fa imparare a memoria!), passa l'esecuzione di tutte le sfumature, nonché la costruzione degli accordi derivati e dei metodi alternativi dei Giri Armonici.

La centralità di queste regole è indiscussa, ecco perché la conoscenza mnemonica di queste trova giustificazione (e perché se ne trova ampia trattazione anche nel Manuale di disciplina sostanziale "Ritmica-Mente").

Alla fine della norma si esplicita che viene mantenuta la sfumatura della forma utilizzata nella costruzione degli accordi sulla tastiera: inutile ribadire che utilizzando la forma di Mi-7 col barré al II tasto il risultato sarà ovviamente un Fa#-7 e non certo un Fa#-4 o Fa#, e così via![21]

Il fatto che talune sfumature e non altre siano indicate in grassetto si giustifica sulla base del semplice fatto che essendo accordi "base" sono più facilmente ricordabili nello studio mnemonico.

Can. 30: Regola del LA

*§1 - Tutti gli accordi costruiti sulla tastiera con le forme di **La, La-, La7**, La-7, La4, La-4, La2, La7+, prendono il nome della nota sul tasto intercettata dall'indice (barré) sulla ⑤ corda, mantenendo sempre la sfumatura della forma utilizzata.*

Can. 31: Regola del RE

*§1 - Tutti gli accordi costruiti sulla tastiera con le forme di **Re-, Re7**, Re-7, Re-4, Re2, Re7+, prendono il nome della nota sul tasto intercettata dall'indice (barré) sulla ④ corda, mantenendo sempre la sfumatura della forma utilizzata.*

*§2 - Tutti gli accordi costruiti sulla tastiera con le forme di **Re-, Re7**, Re-7, Re-4, Re7+, si collocano due tasti più avanti (in valore progressivo) degli stessi accordi costruiti però con le forme di **Mi-, Mi7**, Mi-7, Mi-4, Mi7+.*

Can. 32: Regola del DO

*§1 - Tutti gli accordi costruiti sulla tastiera con la forma di **Do** prendono il nome della nota sul tasto intercettata dal mignolo sulla ⑤ corda, e non ha variazioni di sfumatura.*

[21] Non sono mancati casi, nell'esperienza di docenza, che taluno degli alunni non riuscisse a distinguere una sfumatura dall'altra in sede di costruzione sulla tastiera.

Tradizionalmente i due commi del Can. 31, cioè le due c.d. Regole del Re, sono state affrontate separatamente per la loro generale autonomia l'una dall'altra. L'Autore ha trovato conveniente, per dare uniformità di disciplina a siffatto argomento, ricondurre le due regole sotto un'unica rubrica.

Entrambe le regole (*rectius*: commi del Can. 31) danno la medesima soluzione: l'uso alternativo dell'una o dell'altra è indifferente. Mentre una presuppone la conoscenza mnemonica delle note di tutti i tasti della quarta corda, l'altra presuppone la conoscenza delle note di tutti i tasti della quinta corda o – più precipuamente – della Regola del Mi (Can. 29).

III. TITOLO TERZO: SOLISTICA

Questo terzo titolo, a differenza del secondo, del Codice è dedicato a quella parte della disciplina che inerisce alle scale ed alle varie tecniche della solistica: vibrato, legatura, slide (o traslato), glissato, e così via.

Ribadendo che qui il legame col metodo Ritmica-Mente diviene assoluto (in quanto – con eccezione della sostanza – la forma è di pura invenzione dell'Autore)[22], si introduce la regolamentazione dedicata alla parte più complessa dello studio della Chitarra.

A fronte della complessità della esecuzione pratica di siffatto argomento sussiste in vero una ridottissima esplicazione: il testo normativo dice già tutto da sé nella descrizione delle scale o delle tecniche, richiamando il celebre principio: *in claris non fit interpretatio*.

Verranno qui quindi approfondite esclusivamente quelle questioni affrontate parzialmente altrove, e qui connotate da una attenzione speciale.

[22] E' stata realizzata una trasformazione della diteggiatura classica di corredo del pentagramma, in una scrittura nuova ed autonoma, scissa dallo spartito.

Sappiamo bene come le Scale e le altra varie tecniche della solistica d'uso nel Metodo "Ritmica-Mente" non possono prescindere dalla c.d. "Diteggiatura" come mezzo di lettura. Ecco perché questa si palesa come la *sedes materiae* più adatta per richiamare in compendio una trattazione di dettaglio fortunatamente non nuova:

"La diteggiatura è un metodo più comodo di leggere le scale musicali da eseguire su una chitarra. E' un metodo più generale, nel quale si raccoglie una più vasta possibilità di tonalità e di precisione esecutiva. La diteggiatura si legge in questo modo: ogni numero cerchiato è una corda: ①Mi ②Si ③Sol ④Re ⑤La ⑥Mi; ogni numero è un dito: 1 indice, 2 medio, 3 anulare, 4 mignolo; ad ogni dito corrisponde un tasto, così che se nel terzo tasto ci sta l'indice, il mignolo starà al sesto tasto. Lo slash (/) indica uno scorrimento veloce del dito sulla corda (quindi della mano sulla tastiera), fino a giungere al tasto da suonare, indicato dal numero di questi: uno slash equivale ad un semitono. Nella diteggiatura si può vedere La scala diatonica a due ottave per eccellenza che può spaziare dal Sib al Mib, la scala prende il nome dalla prima nota toccata (Nel caso della scala diatonica maggiore a due ottave dal secondo dito sulla quinta corda); es. nel caso della scala di do maggiore la nota è do.

Il numero in grassetto contenuto nella scala è la note di apice: la più alta nota raggiunta dalla scala, e pertanto qualsiasi numero scritto posteriormente sulla stessa corda, non può che essere discendente rispetto a quello.

I numeri $^{1\ 2\ 3\ 4}$ (scritti però in apice, così come è graficamente riportato) significano la relativa esecuzione nella corda immediatamente più alta rispetto a quella indicata *dentro al cerchio: questa particolarità è presente esclusivamente solo nelle "scale per terze".*

Per converso i numeri $_{1\ 2\ 3\ 4}$ (scritti però in pedice, così come è graficamente riportato) significano la relativa esecuzione nella corda immediatamente più bassa rispetto a quella indicata dentro al cerchio: questa particolarità è presente esclusivamente solo nelle "scale boogie per terze".

Le "scale per terze" sono state realizzate sulla base della estrapolazione di queste ultime dalla tradizionale disciplina classica, rielaborate ed adattate per questo manuale: anche se la denominazione "per terze" ha senso, come ben sappiamo, solo per le scale che contengono almeno le sette note, per semplicità utilizzeremo questa denominazione anche per le scale formate da cinque note (Pentatoniche, Blues, Boogie)."

Can. 33: Le Scale

§1 – Le scale, semplici e per terze, si ripartiscono in: Diatoniche, Armoniche, Melodiche, Pentatoniche, Blues, Boogie.

§2 – Queste sono maggiori e minori ad eccezione delle Armoniche e delle Melodiche che sono solo minori.

§3 – Tutte le scale sono a due e tre ottave, ascendenti e discendenti, potendosi combinare fra loro realizzando le scale composite.

§4 – La Scala composita è formata dall'ascendente tre ottave, discendente due ottave, ascendente due ottave e discendente tre ottave.

§5 – Nelle scale per terze ciascuna nota è seguita sempre dalla sua terza, prima della sua seconda.

Indispensabile è d'accertare che, prima dell'esecuzione di ciascuna nota della scala, si rispettino dei parametri: questi sono indicati già all'interno del Manuale "Ritmica-Mente", e qui giustamente riportati: "*Per una corretta esecuzione delle scale sono necessari degli accorgimenti dai quali non si può assolutamente prescindere. Innanzitutto bisogna impostare la mano sinistra così come viene descritto all'inizio di questo manuale alla sezione "Posizione delle mani sulla chitarra": pollice in corrispondenza del medio, ogni dito al proprio tasto, niente incursioni di dita non pertinenti, punte delle dita (tra unghia e polpastrello) perpendicolari alla tastiera (rivolgendo l'unghia verso l'esecutore o studente), divieto di tocco del fret, etc. A queste regole generali se ne aggiungono di più specifiche per una corretta esecuzione delle scale, che insieme a quelle supra, formano una lista di precetti da seguire con rigore:*

- *1 - Mano aperta: la base delle dita non deve toccare il manico della chitarra;*
- *2 - Mano piatta, dritta e non coricata trasversalmente;*
- *3 - Dita perpendicolari e a martelletto: pigiare col polpastrello;*
- *4- Non staccare le dita nella fase ascendente: mantenere la stabilità;*
- *5- Non trascinare la corda negli slash (/): niente glissato;*
- *6 - Pollice dritto in corrispondenza del medio ed immobile;*
- *7 - Niente sbavature: premere saldamente le corde;*
- *8 - Tempo costante;*
- *9 - Suono legato: niente vuoti di suono;*
- *10 - Mignolo corretto;**
- *11- Niente bending: non piegare la corda;*

** Essendo il dito più piccolo e meno allenato è il più portare a non osservare le regole, e quindi ha bisogno di una puntualizzazione a sé stante"*

Questi undici parametri citati non sono un numerus clausus: sono soggetti ad ampiamento anche in riferimento alle peculiari necessità o caratteristiche del discente in concreto.

Can.34: Diatoniche

§1 – La scala diatonica maggiore è composta dai rapporti fra note di: Tonica, Seconda maggiore, Terza maggiore, Quarta giusta o Sottodominante, Quinta giusta o dominante, Sesta maggiore e Settima maggiore. Schema tonale: TTSTTTS

§2 – La scala diatonica minore è composta dai rapporti fra le note di: Tonica, Seconda maggiore, Terza minore, Quarta giusta o Sottodominante, Quinta giusta o dominante, Sesta minore e Settima minore. Schema tonale: TSTTSTT

§3 – La scala diatonica maggiore per terze è composta dai rapporti fra note di: Prima (o Tonica), Terza Maggiore, Seconda maggiore, Quarta giusta, Terza maggiore, Quinta giusta (o Dominante), Quarta giusta (o Sottodominante), Sesta maggiore, Quinta giusta (o Dominante), Settima maggiore, Sesta maggiore, Ottava (o tonica), Settima maggiore, Nona maggiore, Ottava (o Tonica) e Decima maggiore.

§4 – La scala diatonica minore per terze è composta dai rapporti fra le note di: Prima (o Tonica), Terza minore, Seconda maggiore, Quarta giusta (o Sottodominante), Terza minore, Quinta giusta (o Dominante), Quarta giusta (o Sottodominante), Sesta minore, Quinta giusta (o Dominante), Settima minore, Sesta minore, Ottava (o Tonica), Settima minore e Seconda minore.

Can.35: Armoniche

§1 – La scala armonica è composta dai rapporti fra le note di: Tonica, Seconda maggiore, Terza minore, Quarta giusta o Sottodominante, Quinta giusta o dominante, Sesta minore e Settima maggiore. Schema tonale: TSTTT3S

§2 – La scala armonica per terze è composta dai rapporti fra le note di: Tonica, Terza minore, Seconda maggiore, Quarta giusta o Sottodominante, Terza minore, Quinta giusta o dominante, Quarta giusta o Sottodominante, Sesta minore, Quinta giusta o dominante, Settima maggiore, Sesta minore, Ottava, Settima maggiore e Decima maggiore.

Can.36: Melodiche

§1 – La scala melodica è composta dai rapporti fra le note di: Tonica, Seconda maggiore, Terza minore, Quarta giusta o Sottodominante, Quinta giusta o dominante, Sesta maggiore e Settima maggiore. Schema tonale: TSTTTTS

§2 – La scala melodica per terze è composta dai rapporti fra le note di: Tonica, Terza minore, Seconda maggiore, Quarta giusta o Sottodominante, Terza minore, Quinta giusta o dominante, Quarta giusta o Sottodominante, Sesta maggiore, Quinta giusta o dominante, Settima maggiore, Sesta maggiore, Ottava, Terza minore, Settima maggiore e Seconda maggiore.

Can.37: Pentatoniche

§1 – La scala pentatonica maggiore è composta dai rapporti fra le note di: Tonica, Seconda maggiore, Terza maggiore, Quinta giusta o dominante, Sesta maggiore. Schema tonale: TT3ST3S

§2 – La scala pentatonica minore è composta dai rapporti fra le note di: Tonica, Terza minore , Quarta giusta o

Sottodominante, Quinta giusta o dominante, Settima minore. Schema tonale: 3STT3ST

§3 – La scala pentatonica maggiore per terze è composta dai rapporti fra le note di: Tonica, Terza maggiore, Seconda maggiore, Quinta giusta o dominante, Terza maggiore, Sesta maggiore, Quinta giusta o dominante, Ottava, Sesta maggiore e Seconda maggiore.

§4 – La scala pentatonica minore per terze è composta dai rapporti fra le note di: Tonica, Quarta giusta o Sottodominante, Terza minore, Quinta giusta o dominante, Quarta giusta o Sottodominante, Settima minore, Quinta giusta o dominante, Ottava, Settima minore e Terza minore.

Can.38: Blues

§1 – La scala blues maggiore è composta dai rapporti fra note di: Tonica, Terza minore, Quarta giusta o Sottodominante, Quarta aumentata o Quinta diminuita, Quinta giusta o dominante, Sesta maggiore. Schema tonale: 3STSST3S

§2 – La scala blues minore è composta dai rapporti fra note di: Tonica, Terza minore, Quarta giusta o Sottodominante, Quarta aumentata o Quinta diminuita, Quinta giusta o dominante, Settima minore. Schema tonale: 3STSS3ST

§3 – La scala blues maggiore terze è composta dai rapporti fra note di: Tonica, Quarta giusta o Sottodominante, Terza minore, Quarta aumentata o Quinta diminuita, Quarta giusta o Sottodominante, Quinta giusta o dominante, Quarta aumentata o Quinta diminuita, Sesta maggiore, Quinta giusta o dominante, Ottava, Sesta maggiore e Terza minore.

§4 – La scala blues minore per terze è composta dai rapporti fra note di: Tonica, Quarta giusta o Sottodominante, Terza minore, Quarta aumentata o Quinta diminuita, Quarta giusta o Sottodominante, Quinta giusta o dominante, Quarta

aumentata o Quinta diminuita, Settima minore, Quinta giusta o dominante, Ottava, Settima minore e terza minore.

Can.39: Boogie

§1 – La scala boogie maggiore è composta dai rapporti fra le note di: Tonica, Terza maggiore, Quinta giusta o dominante, Sesta maggiore, Settima minore. Schema tonale: 2T3STS

§2 – La scala boogie minore è composta dai rapporti fra le note di: Tonica, Terza minore, Quinta giusta o dominante, Sesta maggiore, Settima minore. Schema tonale: 3S3STS

§3 – La scala boogie maggiore per terze è composta dai rapporti fra le note di: Tonica, Quinta giusta o dominante, Terza maggiore, Sesta maggiore, Quinta giusta o dominante, Settima minore, Sesta maggiore, Ottava, Settima minore e Terza maggiore.

§4 – La scala boogie minore per terze è composta dai rapporti fra le note di: Tonica, Quinta giusta o dominante, Terza minore, Sesta maggiore, Quinta giusta o dominante, Settima minore, Sesta maggiore, Ottava, Settima minore e Terza minore.

Can.40: Il Boogie Woogie

§1 – Siffatta tipologia di scala, assumendo in sé l'ordine delle battute del Giro armonico blues maggiore (Comma 1°, Can. 26) e minore (Comma 2°, Can. 26) ascendente e discendente delle prime cinque note della scala boogie semplice, costituisce un accompagnamento riff per il genere blues.

Can.41: Le Legature

§1 – La legatura ascendente è un'intercettazione vigorosa della corda col solo dito della mano sinistra facendola suonare, con un suono più alto, senza che previamente ne sia stata sollecitata la vibrazione con la mano destra.

§2 – La legatura discendente è uno strappo vigoroso della corda col solo dito della mano sinistra facendola suonare, con un suono più basso, senza che previamente ne sia stata sollecitata la vibrazione con la mano destra.

Con riferimento alle legature è doveroso richiamare le parole di un grande musicista e studioso della Chitarra quale Ruggero Chiesa: *"Le legature rappresentano una particolare caratteristica nella tecnica della chitarra, tramite la pressione o lo strappo con le dita della mano sinistra. Il loro impiego, già conosciuto nel Rinascimento, fu introdotto soprattutto a partire dall'epoca barocca, per passare in seguito nello stile classico e poi nella musica d'oggi. Mediante le legature si ottiene un fraseggio più morbido, una maggiore disinvoltura nei passaggi virtuosistici e una spontanea esecuzione nei vari tipi di abbellimenti."*

Il Manuale "Ritmica-Mente" già aveva fatto un lucido intervento sulla disciplina delle legature, qui rispettosamente riportata: *"Abbiamo due tipi di legature: ascendente e discendente. Nella musica moderna si utilizza chiamarle con nomi differenti, quali: L'**hammer-on** (o "legato ascendente") e **Hammer-off** (o "legato discendente"). L'**hammer-on** (o "legato ascendente") è una tecnica chitarristica che permette di passare da una nota più bassa ad una più alta (solitamente della stessa corda) senza l'utilizzo della mano destra (si tratta di pizzicato a dita o tocco plettrato), ma premendo con il dito della mano sinistra sul tasto corrispondente.*

*Abbiamo così una prima nota suonata mediante la mano destra e la successiva legata alla precedente con l'aiuto della mano sinistra; questa tecnica è spesso seguita dal pull-off. Il **pull-off** o **Hammer-off** (legato discendente) consiste in una* *tecnica chitarristica che ci permette di passare da una nota più alta ad una più bassa (della stessa corda) senza l'ausilio del plettro per farla suonare ma strappando o tirando letteralmente la corda verso il basso. Per cui suoniamo la prima nota premendo già con l'indice la nota successiva più bassa e poi strappiamo col dito la nota che abbiamo suonato nel modo descritto sopra. Con un po' di pratica questa tecnica permette di acquistare velocità sul manico."*

Can.42: Il vibrato

§1 – Il vibrato orizzontale è una oscillazione della corda nel suo stesso verso talché il suono risultante consiste in un vibrato contenuto.

§2 – Il vibrato verticale è una oscillazione della corda dovuta ad apertura e chiusura del dito intercettante talché il suono risultante consiste in un vibrato esasperato.

Del vibrato si offre l'attenta analisi elaborata in seno al Manuale: *"Il **vibrato** è un effetto musicale che consiste nella variazione periodica dell'altezza di una nota riprodotta (più precisamente si tratta di una modulazione di frequenza).*

Il vibrato fornisce un particolare significato al sostenuto/tenuto, rendendolo gradevole all'orecchio, laddove una singola nota tenuta in modo statico risulterebbe fastidiosa. In questo manuale analizzeremo due tipologie di vibrato: vibrato orizzontale e vibrato verticale.

Il vibrato orizzontale (Can. 42, 1° comma) *consiste nel vibrato così com'è conosciuto nella musica classica, in cui, avendo una saldissima stabilità del polso data dalla fermezza del pollice, si produce una variazione della frequenza con il semplice spostamento (che consiste in uno stirare e conseguente allentare) della corda nello stesso verso della tastiera, giù e su, in modo veloce e ripetuto. Questo vibrato c.d. orizzontale è utilizzato fortemente nella musica classica, pertanto su chitarre classiche, tecnica che però rende poco su una chitarra elettrica, ma è comunque rilevante in una chitarra acustica.*

Il vibrato verticale (Can. 42, 2° comma), *a differenza di quello c.d. orizzontale, trova il suo miglior strumento d'applicazione nella chitarra elettrica in assoluto. La morbidezza delle corde, la quale permette anche la piegatura della corda c.d. "Bending" per salire e scendere di semitoni o toni, permette un vibrato il quale segue il verso dei tasti della tastiera, quindi su è giù per il tasto.*

Il dito può essere aiutato, nella piegatura alternata della corda da una lieve rotazione della mano che utilizza come fulcro (cerchiato nell'immagine) la parte inferiore della tastiera, conseguendo così una variazione di frequenza di gran lunga superiore rispetto a quella del vibrato orizzontale.

Questa tecnica difficoltosamente può essere applicata a strumenti quali la chitarra classica, data la consistenza delle corde di nylon, pertanto il discorso è opposto a quello del vibrato orizzontale. La chitarra acustica sopporta meglio della classica il vibrato verticale.

Can.43: Il Bending

§1 – Il bending ascendente è un piegamento della corda verso l'alto o verso il basso sollecitandone la vibrazione talché il suono risultante è più alto di un semitono o di un tono, o più, o frazione di questi.

§2 – Il bending discendente è un riaccentramento della corda dopo averla piegata verso l'alto o verso il basso

sollecitandone la vibrazione talché il suono risultante è più basso di un semitono o di un tono, o più, o frazione di questi.

Can.44: Lo slide

§1 – Lo slide ascendente è un salto repentino verso un tasto più cantino nella medesima corda senza che vi sia trascinamento di suono.

§2– Lo slide discendente è un salto repentino verso un tasto più grave nella medesima corda senza che vi sia trascinamento di suono.

Lo slide, così come il glissato, viene ricondotto, all'interno del Manuale "Ritmica-Mente", sotto la *sedes materie* unitaria del traslato. In questo Codice, poiché ci è permesso dare un'analisi più approfondita della disciplina, se ne compie uno studio separato. Il Manuale così esordisce in riferimento ad entrambe tecniche: *"Il* ***traslato,*** *chiamato anche più comunemente (ma non correttamente) "slide", è un effetto di variazione musicale della nota. [...]*

Il lavoro della mano destra non è quello di strappare o percuotere la corda nel tasto desiderato, ma è quello di [saltare per lo slide e scivolare per il glissato] sulla corda, fino al raggiungimento di esso. Bisogna fare una summa divisio *per comprendere i quattro generi di traslato [...]: innanzitutto vi è il traslato acendente, ed il traslato discendente. [...]"*

In dettaglio il Manuale riporta la seguente dizione: *"[...] Il simbolo nella tablatura è un semplice slide (/) preceduto da note (numeri), invece nella diteggiatura sono tanti slide quanti fret devono essere superati (p. Es.: 13//134) [...]"*

Cercando di espungere da questa esplicazione i riferimenti all'altra forma di traslato, più avanti si analizzerà autonomamente il glissato, in quanto - come accennato *supra* – si ritiene più corretto farne trattazione separata.

Can.45: Il glissato

§1 – Il glissato è un trascinamento di suono verso l'alto o verso il basso della tastiera sulla stessa corda da un tasto all'altro.

§2 – Questo può essere ascendente o discendente in base a ché ci si diriga verso un suono più cantino o più grave.

Mentre, beninteso, lo slide è un salto sulla corda, che preclude ogni forma di trascinamento, il glissato non fa che contemplarla, e questo come il bending e lo slide si divide in ascendente e discendente.

Il glissato ascendente "*si produce* – ribadisce il Manuale - *suonando una nota nel suo tasto, e poi scivolando (senza più pizzicare) verso l'alto (toni acuti), fino al raggiungimento del tasto desiderato: l'effetto è di un legato, ma in più si aggiunge il suono dell'aumentare progressivo della nota, dato dallo scivolare del dito sulla tastiera […].*"

Mente il glissato discendente: *"Si produce suonando una nota nel suo tasto, e poi scivolando (senza più pizzicare) verso il basso (toni bassi), fino al raggiungimento del tasto desiderato. Valgono le stesse regole che per il traslato legato ascendente."*

Bisogna stare molto attenti a non confondere slide e glissato benché nel Manuali trattati nella stessa sede: mentre l'uno (lo slide) è oggetto di lettura delle scale (nella diteggiature delle semplici e delle scale per terze), l'altro è una tecnica esecutiva solistica avanzata, che esula dallo studio delle "scale", ma contemplata più che altro in pezzi d'antologia che la richiamano esplicitamente.

Si badi quindi di non eseguire il glissato (Can. 45) nella esecuzione delle scale: ivi si contempla il solo slide (Can. 44).

LOCUZIONI LATINE E FRANCESI

***Condicio sine qua non**:* Condizione indispensabile
Deminutio: Riduzione, diminuzione.
Equitas: Equità, giustizia.
Ergo: Quindi, pertanto
Ex ante: Da principio, da prima.
Ex novo: Di nuovo, di sana pianta.
In claris non fit interpretatio: in ciò che è già chiaro di per sé non necessità ulteriore spiegazione
I.e.: v. Id Est
Id est: Cioé
In fieri: In lavorazione
Iter: Percorso
Ius: Materia giuridica, Diritto.
Mutatis mutandis: Per analogia, (lett. Mutato ciò che dev'esser mutato)
Novitas: Novità, nuovo.
Numerus clausus: Numero chiuso
***Praxis**:* Prassi
Ratio: Ragione, Logica, Motivazione.
Rectius: Detto meglio, migliore.
***Sedes materiæ**:* Sede di materia
Stricto sensu: in senso stretto
Sui iuris: Giuridicamente autonomo
Summa divisio: somma distinzione
Supra: Sopra, indietro
Tertium non datur: Non esiste una terza soluzione
Vade-mecum: Guida (lett.: vieni con me)

Leit-motiv: Motivo che ritorna ciclicamente
Maquillages: Continue modifiche
Pendant: Completamento in coppia
Tout-Court: semplicemente

POSTFAZIONE

Questo Codice è indirizzato ai miei alunni, agli studiosi di Ritmica e Solistica ed a tutti coloro i quali in generale hanno l'interesse sincero ad approfondire la conoscenza della disciplina Ritmica e Solistica, nonché vogliono intraprendere la via dell'insegnamento di questa materia nella maniera più corretta.

A questi consiglio vivamente e suggerisco fermamente l'uso prolifico di questo Codice, accompagnando ciascun esercizio dal rispetto e dall'osservanza di queste regole, le stesse che hanno forgiato la mia conoscenza e che comunicano ai miei alunni ogni qual volta me ne sia data occasione.

E' davvero auspicabile che il musicista lettore di questo Codice ne fruisca accanto al Manuale "Ritmica-Mente", poiché, oltre ad essere per lui un faro per l'approccio allo studio della materia, l'agevola nella scoperta di nuovi principi, nuovi elementi, nuove tecniche.

Lo spirito che informa questo testo è quello che lo stesso Autore elargisce nella docenza della disciplina, pertanto laddove in una qualche parte siffatta opera debba apparire ostica, così come per lo stesso Manuale Ritmica-Mente, è sempre possibile chiedere ed ottenere delucidazioni, chiarimenti, spiegazioni, esemplificazioni, informazioni che facciano apprendere meglio il contenuto del testo.

Ben si comprende come vi è anche un alito eticizzante di generale auspicata crescita culturale del discente fra le righe, fra i canoni, le spiegazioni ed i commenti di questo Codice, lungi dall'esaurirsi in mero sfoggio lessicale.

Nell'intento di aver acceso una fiammella negli intelletti dei lettori di questo Codice e degli studenti della disciplina Ritmica e Solistica, si giunge finalmente al termine di questa innovativa elaborazione di musicologia giuridica, nella sua veste articolata.

In conclusione dell'opera, si augura allo studente, così come l'Autore è sempre d'uso fare in qualsivoglia occasione, un buon studio, ma soprattutto anche una buona musica!

SOMMARIO

www.ingramcontent.com/pod-product-compliance
Ingram Content Group UK Ltd.
Pitfield, Milton Keynes, MK11 3LW, UK
UKHW021102290826
14628UKWH00014B/46

9 780244 264758